Elfen
sprechen zu Dir

Elves whispering with you

Manuela Ariana Steckel

Elfen
sprechen zu Dir

Elves whispering with you

2. Auflage 2020

© 2019   Manuela Steckel

Buchcovergestaltung: Manuela Steckel
Illustrationen/Coverbild: Manuela Steckel

Bibliografische Information der Deutschen Nationalbibliothek: Die Deutsche
Nationalbibliothek verzeichnet diese Publikation in der Deutschen
Nationalbibliografie; detaillierte bibliografische Daten sind im Internet
über dnb.dnb.de abrufbar.

Herstellung und Verlag:
BoD – Books on Demand, 22848 Norderstedt

ISBN   978-3-7494-7997-9

VORWORT

So wie jedes Kind habe auch ich in der Kindheit Elfen und Feen geliebt. Ich träumte davon einmal eine Prinzessin zu sein. In einem Schloss mit prunkvollen Garten zu leben und in den großen Sälen des Schlosses umher zu tanzen. Vor allem alles, was glitzerte, funkelte und glänzte, hat mich fasziniert. Doch trotz dieser Tatsache war mein Kostüm zu Fasching kein Prinzessinnen Kostüm, sondern vielmehr Indianer-Mädchen oder Clown ....

Den Wald habe ich überhaupt nicht gemocht, eher gemieden, denn dieser hat mich geängstigt. Schon erstaunlich, wenn man heute bedenkt das Elfen und Feen in Wäldern zu Hause sind, dort leben, das Grün der Natur lieben und ihre Häuschen tief unter prachtvollen moosbedeckten Bäumen haben. Es lieben, sich gerne hinter Farnwedeln zu verstecken, die überall in lichten Einschlüssen im Wald zu finden sind.

In meiner Kindheit hätte ich niemals zu träumen gewagt, dass die Elfen einmal mit mir kommunizieren werden und mir Geschichten erzählen.

Inhaltsverzeichnis

MEIN WEG DORTHIN

Ich wuchs als Einzelkind mit beiden Elternteilen auf. Als Tochter eines Vaters, der sich in den 70er Jahren als Bauunternehmer selbständig machte. So wie viele Väter, hatte auch meiner seine eigenen Vorstellungen von meinem Leben. Somit einen prägenden Einfluss darauf genommen. Viel Zeit verbrachte ich in meiner Kindheit bei meiner Großmutter mütterlicherseits. Sie war es, die in mir den kreativen Teil geweckt hat. Ich liebte es ihr vorzusingen, zu tanzen und Theater zu spielen. Das machte so viel Spaß. Wir hatten eine freudvolle und beschwingte Zeit miteinander voller Leichtigkeit. Somit nicht verwunderlich, dass ich viele Träume und Wünsche hatte, was ich später gerne beruflich werden wollte. Schauspielerin, Sängerin, Zirkuskünstlerin, Balletttänzerin und vieles mehr. Doch in keine dieser Richtungen bin ich gegangen. Vonseiten meiner Familie wurden meine Vorstellungen und Talente nicht gefördert.

Umso schöner, eine Großmutter zu haben, von der man nichts auf diktiert bekam. Die einen so gesehen hat, wie man ist. Bei der man einfach ganz sich selbst sein und den kreativen Seelenanteil leben konnte.

Ich liebte die Zeit mit meiner Großmutter. Wir hatten eine sehr enge, tiefe Verbindung zueinander. Mit dem Älter werden habe ich herausgefunden, dass sie sich für spirituelle Dinge interessiert, wie Kartenlegen und Pendeln. Meine Neugierde wurde geweckt. So begann auch ich während der letzten Jahre meiner Schulzeit, im Alter ab 15 Jahren, mich mit dem Handlesen, Kartenlegen oder Pendeln zu beschäftigen. Zu dieser Zeit fand diese Art von Dingen eher noch im Verborgenen statt. Einer meiner engsten Schulfreundinnen sollte ich sogar des Öfteren die Karten legen oder aus der Hand lesen. Sie brachte mir eines Tages ein Buch über das Handlesen mit. Ohne viel darüber nachzulesen, verstand ich schnell die Kunst des Handlesens und konnte so einiges deuten und erkennen. Allerdings den Zugang zum Kartenlegen hatte ich nicht wirklich, eher war das Handlesen erfolgreicher. Schon bald sollte noch ein neuer Bereich mein Interesse wecken.

Während der regelmäßigen Besuche bei meiner Großmutter schlenderte ich gerne durch die kleinen Geschäftsstraßen ihrer Stadt. Eines Tages fiel mein Blick auf ein großes Buch der Astrologie. Dieses war direkt auf einem kleinen Sonder-angebotstisch vor dem Buchladen ausgelegt, an dem ich vorbeischlenderte.

Der Einband des Buches faszinierte mich derart. Mehrmals ging ich hin und her. Überlegte dabei, ob ich mir dieses Buch kaufen sollte. Der Preis lag bei 15 Deutsche Mark. Die Form des Buches entsprach nicht der eines gewöhnlichen Buches. Sie war eher quadratisch – ein Sondermaß und es stand in großen gelb goldenen Buchstaben „ *Das große Buch der Astrologie* „ darauf. Der Einband in einem glänzenden, dunklen Blau mit den

Symbolen aller Sternzeichen im Kreis angeordnet. Eine Art 3D Form, ins Hellblau verlaufend. Sowie weiße und gelbe Sterne aufgedruckt. So kam es, dass ich im Alter von 16 Jahren mir das erste astrologische Buch von meinem Taschengeld kaufte. Es war ein großes, schweres Buch, mit viel kleingedrucktem Text und hatte seinen Namen in der Tat zu Recht. Gleich am ersten Abend zu Hause warf ich einen Blick hinein. Der Inhalt war schwer zu verstehen für mich. Irgendwie hatte ich eine andere Art von Vorstellung von diesem Buch. Über Astrologie wusste ich bis zu diesem Zeitpunkt überhaupt nichts. Trotzdem fesselte mich dieses Buch, und ich übte mich jeden Tag aufs Neue vor dem Einschlafen darin zu lesen. Im Buch gab es eine Anleitung, wie man ein Horoskop zeichnet bzw. erstellt. Schritt für Schritt war es dort aufgeführt. Ich übte mich darin mit den Geburtsdaten meiner Eltern, Großeltern und meiner eigenen. Schnell hatte ich es raus, wie man ein Geburtshoroskop zeichnet und sogar richtig Talent dabei. In Windeseile waren sie fertig gezeichnet. Nun lagen eine Anzahl Horoskope vor mir. Man nennt dies Geburtsradix.

Anhand des Geburtsdatums wird ein runder Kreis erstellt mit den 12 Sternzeichen eingeteilt. Hinzu kommen noch die Planeten und Aspekte. Jedoch die Deutung fiel mir schwer, denn ich konnte mit all dem, was in dem Buch geschrieben stand, nichts anfangen.

Was nutzt es mir also, diese tollen Horoskop-Zeichnungen nun vor mir liegen zu haben, wenn ich darüber nichts weiter aussagen konnte und vielmehr es auch nicht verstanden hatte, was über die Aspekte im Buch aufgeführt wurde. So legte ich es letztendlich zur Seite. Erst viele Jahre später, als ich erneut begann, mich mit der Astrologie zu beschäftigen, ist mir bewusst geworden, was in dem Buch alles stand. Die Beschreibung der zwölf Sternzeichen. Die Planetenverbindungen im Geburts- horoskop und deren Bedeutung. Das man aus einem Geburtshoroskop viel ablesen kann. Den Menschen in seiner Einzigartigkeit beschreiben, mit all seinen Facetten im positiven und negativen Sinn. Seine Stärken, sein Charakter und vieles mehr.

Bis dahin habe ich einen ganz normalen menschlichen Lebensweg durchlaufen, so wie fast jeder in seinem Leben. Mit einem Schulabschluss, einer Ausbildung, einer Beschäftigung im Angestelltenverhältnis, einer Partnerschaft, einer Ehe und Kindern.

Meist sind es schwere Krisen, die Menschen dazu bewegen sich neu auszurichten. In eine andere Richtung zu denken. Ihr Leben neu sortieren und auf der Suche nach sich selbst sind. Ich spreche da aus Erfahrung zu euch. Denn bei mir war es eine stark ausgeprägte Angsterkrankung, die mich auf den Weg gebracht hat mehr in die ganzheitliche Richtung zu blicken und über mein Leben nachzudenken. Ich wurde von heute auf morgen durch Panikattacken, – die Angst zu sterben –, aus dem Leben gerissen. Ein Leben mit beruflichem Erfolg, als kauf- männische Angestellte in einer Führungsposition, im Bereich der

Lohn- und Finanzbuchhaltung, gut durchstrukturiert, alles in geordneten Verhältnissen.

So habe ich dann im Jahr 2001 eine Ausbildung zur Astrologin begonnen. Zum einen, um mehr über mich selbst zu erfahren, zum anderen, um die Beziehungen zwischen den Menschen besser verstehen zu können. Das Deuten ging mir nun sehr leicht von der Hand. Die astrologische Ausbildung war der Grundstein in meinem spirituellen Werdegang. So begann ich nach Abschluss zur Diplom Astrologin im Jahr 2003 mit astrologischen Beratungen und eignete mir mehr und mehr Wissen rund um die Spiritualität an. 2005 machte ich mich selbständig und eröffnete einen kleinen Verkaufsraum, den ich Sternenzauber-Stübchen nannte. Neben Edelsteinen und anderen esoterischen Gegenständen, die ich in meinem Lädchen zum Verkauf anbot, habe ich auch Beratungen sowie Energiebehandlungen angeboten. Um die Menschen auf mich aufmerksam zu machen, präsentierte ich mich, wie viele andere es ebenso auf diesem Weg machen, auf Esoterik-Messen. So kam eines Tages ein Mann in mein Lädchen auf der Suche nach einem passenden Edelstein, um seine Beschwerden beim LKW Fahren zu lindern. Von Berufswegen war er täglich mit dem Firmen-LKW unterwegs, um Waren auszuliefern.

Wie ich immer in meinen astrologischen Beratungen weitergegeben habe, ist keine Begegnung umsonst im Leben. Jede Begegnung spielt auf die eine oder andere Weise eine wichtige Rolle in deinem Leben und trägt zu entscheidenden

Wandlungen bei oder verhilft dir zu Antworten auf Fragen, die dich gerade beschäftigen. Manche verweilen etwas länger in deinem Leben, manche streifen nur einen Augenblick, jedoch bereichern dich trotz allem mit dieser Begegnung.

So war es auch mit dem männlichen Kunden, er spielte eine wichtige Rolle in meinem Leben insofern, weil er mir das Interesse an den Elfen wieder in meinem Herz bewusst gemacht hatte.

Er war ein naturbegeisterter junger Mann, der mit großer Begeisterung nicht nur allerlei über die Geheimnisse des Waldes zu erzählen wusste. Er lebte in einem Haus direkt am Wald und meinte, dass es dort Elfen und Feen gäbe und er mir gerne diese Gegend zeigen möchte.

Ein Waldabschnitt hier inmitten des Taunus meiner Heimat in der ich lebte. Das Waldgebiet mit einer besonderen Energie und Schwingung nicht zuletzt aufgrund der Tatsache, dass es historische Spuren aufweist. Dort lag nämlich eine bedeutende Siedlung der Kelten in den letzten Jahrhunderten vor Christus. Spuren von Siedlungsresten sind heute noch dort zu finden.

Ganz fasziniert von seinen Erzählungen, besuchte ich ihn schon bald in seiner Räuberhöhle. So nannte ich seine Behausung, da diese direkt an den Wald angrenzte. Man musste von seinem Wohnhaus nur einen kleinen Pfad entlang laufen und schon war man inmitten des prachtvollen Waldgebiets. Er führte mich überall herum, dabei zeigte er mir all die schönen Plätze und

Bäume, von denen er so begeistert war. Wir gingen kreuz und quer durch das ganze Waldgebiet. Ich war sofort total entzückt von all dem Grün, den moosbedeckten Wurzeln der Bäume und dem vielen Farn, der großflächig an abgelegenen Stellen wedelte.

In seinen Erzählungen hatte er nicht übertrieben. Dieser Forst wirkte in der Tat wie ein geheimnisvoller Zauberwald. Da ich mich schon seit meiner Kindheit für Feen und Elfen interessierte, weckte diese Umgebung meine Neugierde. In mir erwachte der Wunsch, mich tiefer mit der Natur zu verbinden und alles, was es dort vielleicht zu entdecken gab, zu erforschen.

Seitdem bin ich regelmäßig an diesem magischen Ort spazieren gegangen. Immer mehr konnte ich mich für die Natur öffnen und mit den Bäumen verbinden. Ich fühlte mich so federleicht und voller Freude. Auch die Ruhe und Stille, die man bei Spaziergängen im Wald erfahren kann, empfand ich als sehr angenehm. Das Gebiet war in der Tat mit vielen Naturwesen übersiedelt. Wenn man offen dafür war und achtsam durch den Wald schlenderte, konnte man ihre Präsenz spüren, sie sehen oder sogar mit ihnen kommunizieren. Ich konnte mich den Energien der Naturwesen mehr und mehr öffnen und mich mit ihnen verbinden. In kurzer Zeit sprachen die Bäume zu mir, wenn ich an ihnen vorbeigegangen bin. Ebenso konnte ich die Präsenz der Elfen sehr stark spüren.

Eines Abends geschah dann, was unweigerlich geschehen musste. Ich hatte meine erste Begegnung mit einer Lichtelfe, die dort im Waldgebiet wohnte. Ein glückseliges Gefühl, das unbeschreiblich war, durchströmte meinen Körper.

Eine wundervoll sanfte Energie umgab mich, voller Leichtigkeit und Liebe. So unbeschwert.

Die Elfe flüsterte zu mir:

„Lass dich von mir verzaubern mit kleinen Geschichten aus der Welt der Elfen und bringe diese hinaus in die Welt."

Der Beginn, dass die Elfen sich mir regelmäßig zeigten und mich in ihrer Mitte aufnahmen. Ich spürte eine starke Verbundenheit zu diesen Wesen, ein altbekanntes Gefühl. Soweit man an Wiedergeburt glauben kann, dass wir immer wieder neu in einem anderen Körper geboren werden, eine Seele haben, die unsterblich ist, so kann ich dies nur bestätigen. Durch dieses Erlebnis und diesem Gefühl, welches ich inmitten der lichten Wiese in diesem Waldgebiet empfand. Daher bezeichne ich diesen Waldabschnitt seitdem als meinen Elfenwald.

Ich hatte das Gefühl beizuwohnen inmitten einer Runde von Elfen, die ein Fest feierten und mich als Mensch willkommen hießen.

Ich erinnerte mich plötzlich nicht zum ersten Mal in solch einer Situation gewesen zu sein, sondern bereits viele Jahre zuvor, in einem wahrscheinlich anderen Leben, dies schon einmal durchlebt zu haben. Als Botin oder Vermittlerin von diesen Naturwesen für die Menschen. Ein unbeschreiblich glückseliges Gefühl durchströmte meinen Körper. Eine wundervoll sanfte Energie und voller Leichtigkeit. So unbeschwert.

Seit diesem Tag weiß ich, dass es mir ein wichtiges Bedürfnis ist, den Menschen diese Wesen wieder näher ins Bewusstsein zu bringen. Nein, ich möchte sogar behaupten, ich fühle mich dazu berufen, euch diese Wesen wieder näher zu bringen. Eure Herzen für sie zu öffnen. Denn sie sind mehr als nur für die Natur zuständig. Sie sind lichtvolle Wesen, die in der Natur leben. In vollem Einklang mit sich selbst und der Natur. Sie arbeiten sogar im Auftrag der Engel und sind Heiler für die Seele.

Elfen flüstern mit Dir.

Lass dich verzaubern mit kleinen Geschichten aus der Welt der Elfen.

Elfen sind lichtvolle Begleiter und erfüllen deine Seele mit Leichtigkeit und Freude. Wir leben in einer Zeit, wo sich die Elfen den Menschen wieder mehr öffnen wollen und mit ihnen kommunizieren möchten.

So sind es Botschaften, Gedichte und Kurzgeschichten, die ich an dich weitergeben möchte. Ich habe diese von den Lichtelfen des Waldes für dich empfangen habe.

Dieses Buch verhilft dir Antworten für dich zu finden, mit Botschaften aus der Natur, um dein Leben positiv in Leichtigkeit zu wandeln. Ich freue mich darüber, dir mit meinem Buch wertvolle Impulse für ein erfülltes Leben übermitteln zu dürfen.

Mit Impulsen aus der Welt der Naturwesen sich selbst finden, sich selbst erkennen, um sein inneres Licht zum Leuchten zu bringen, für mehr Leichtigkeit und Freude im Leben. Dies ist mir ein Herzensbedürfnis an die Menschen zu vermitteln.

GEDICHT

Elfenbote
„Frühlingsreigen"

Im Antlitz der Nacht Weisheit in Dir erwacht.
So wie die Knospe im Frühling erblüht,
zuteil Dir wird ein sonniges Gemüt.
Alles singt und klingt,
in Deiner Ganzheit Du schwingst.
In der Mitte Deines Seins,
Leichtigkeit ist nun Deins.
Getragen Du wirst durchs Leben,
auf all Deinen Wegen.
Geschwind und sanft wie der Wind.
Dankbarkeit und Vertrauen Dich ummanteln,
geprägt der Zeit des Bewusstseinswandels.
Alles schwingt und klingt,
Glückseligkeit in Dir singt.

Mai 2019 Manuela Ariana Steckel

Was Du über Elfen wissen darfst

Wer Elfen bzw. den Naturwesen begegnen möchte, der muss sich auf eine Reise ins Ungewisse begeben. Du wirst von ihnen aufgefordert einmal über den Rand der Realität hinauszublicken, und sie lassen dich wissen:

„Vertraue nicht blind dem, was du so hörst. Prüfe stets selbst mit deinem Herzen und finde heraus, was wahr und falsch ist.“

Elfen sind besonders hoch schwingend. Sie gehören zu den lichtvollen Wesen. Als Lichtelfen sind sie von all den Lebenden hier auf unserem Planeten Erde den Engeln sogar direkt unterstellt und arbeiten daher oftmals im Auftrag der Engel. Zum Wohlergehen für unsere Natur, sowie auch von Menschen und Tieren. Ihnen ist durchaus ein engelhaftes Wesen zuzuschreiben. Elfen werden von den Wesen der Naturreiche sehr geachtet. Sie verfügen über ein enormes Wissen sowie große Weisheit.

Elfen sind wie das Licht, buntschillernd und voller Energie. Geschwind wie der Wind. Voller Freude über das Leben. Sie leben ganz im Einklang mit der Natur. Allen Tieren, die in ihrer Umgebung leben, sind sie zugewandt und ein Freund. Sie sind überaus friedvolle Wesen, rein wie das Licht, voller Liebe. Sie mögen es, zu sanfter Musik besonders im Mondlicht zu tanzen und zu singen. Ihre Stimmen sind zart, sanft, hochschwingend, überaus lieblich und dennoch nicht zu hören. Die Klänge von Harfen sind eine Art Balsam für ihre Seelen. Sie baden gerne in klaren Seen, Flüssen und Quellen vom Naturreich. Außerdem kennen sie all die Kräuter, Pflanzen und Bäume aus der Natur samt deren Heilwirkungen. Elfen lieben alles, was süß schmeckt oder süß und lieblich duftet, so wie etwa Waldbeeren, Honig oder Blumen.

Ihre Lieblingsblumen im Wald und auf den Wiesen sind vor allem Glockenblumen. Darin kann man sich so fabelhaft verstecken, während man gleichzeitig mit den Wogen des Windes hin und her schaukelt. Blau, Lila, Pink, ein zartes Rosa sind ihre Lieblingsfarben von den Blumen.

Dem Thymian, dem Eisenkraut, den Rosen sowie den Hortensien, dem Mohn und Farn sind sie besonders zugewandt. Blumenelfen und Blumenfeen gibt es ebenso. Sie nehmen oft die Farbe ihrer Blume an.

Funkelnde Kristalle oder Steine finden Elfen faszinierend. Denn sie lieben alles, was aufleuchtet, glitzert und gut duftet. Davon fühlen sie sich magisch angezogen.

Der Stein der Elfen ist vor allem der sogenannte „Elfenkristall".

Dabei handelt es sich um einen Bergkristall mit zarten Rissen, der bei Lichteinfall regenbogenfarbig aufflackert. So ist es sicher nicht verwunderlich, dass man den Bergkristall auch Elfenkristall nennt, da er dem durchsichtig schillernden Aussehen einer Elfe entspricht. Beide funkeln so bunt wie Seifenblasen. Oft neigen wir Menschen jedoch dazu, dem klaren Bergkristall den Vorzug zu geben. Sei dir jedoch gewiss, dass es die natürlichen Bergkristalle mit Einschlüssen sind, die viel geheimnisvoller sind. Mit etwas Fantasie, klarem Blick und Geduld kann man allerhand in ihnen erkennen.

Halte so einen Bergkristall mit vielen Strukturen einmal ins Sonnenlicht. Es werden sich dir unvorstellbare, neue Welten offenbaren, von denen du nur zu träumen vermagst.

Vielleicht kannst du sogar Lichtfiguren in diesem Stein entdecken.

Elfen schwingen in der selbstlosen Liebe und geben dir von Herzen alles gerne. Sie bewerten dich nicht und nehmen dich in deiner Ganzheit an.

Wer Elfen begegnen möchte, der sollte den Verstand abschalten und sich mit solchen Dingen umgeben, was diese Wesen lieben. Schöne Blumen und Pflanzen, sanfte Musik, feine Düfte. All dies ist sehr einladend für diese Wesen. Wer nun noch im Herzen den ehrlichen Wunsch trägt sie zu sehen und sie willkommen heißt, dem werden sich Naturwesen in der Regel auch in irgendeiner Form zeigen. Da unsere Sinne im Laufe der Zeit getrübt und dadurch nicht mehr für die Begegnung der Naturwesen geöffnet sind, können leider nur noch sehr wenige Menschen unter uns diese Wesen sehen. Manche von euch können sie vielleicht eher fühlen, da die Energie sich spürbar verändert, wenn Naturwesen in unserer Nähe sind. Wer achtsam ist und offen, sowie rein im Herzen, der wird sie spüren. Lasse den Verstand außer Acht und vertraue deiner Intuition und Wahrnehmung. Die Wahrnehmung der Gegenwart dieser Wesen in der Natur ist durchaus jederzeit möglich. Wer mit offenen Augen durch die Natur geht und feinfühlig ist, kann sie durchaus fühlen und wahrnehmen.

Vielleicht durch einen Windhauch oder ein Flüstern, sowie dem Gefühl plötzlich nicht alleine zu sein oder beobachtet zu werden.

Elfen sind sehr neugierige Wesen, daher sei dir gewiss, dass sie stets in Deiner Nähe schweben können, sogar um dich herum. Sie beobachten dich und können in Deinem Energiefeld, - dir vielleicht geläufig unter dem Wort Aura -, ablesen welchen Charakter du hast, wie weit du entwickelt bist und welche Art von Mensch du bist. Dabei können sie dir durchaus mitten ins Gesicht grinsen. Es ist so eine Art Scannen deiner Person, ohne dich zu bewerten oder über dich zu richten. Denn sie selbst leben voller Glück, Liebe, Harmonie und sind voller Freude und Zuversicht. Für diese Wesen gibt es kein richtig oder falsch. Gut oder böse. Elfen sind reine Liebe. Von daher neutral und verurteilen Dich nicht.

Die Naturwesen leben zwar in einer anderen Welt und doch ist es für sie nicht schwer, uns zu sehen und die Grenzen zu überschreiten. Da sie auch äußerst mitfühlend sind, kann es durchaus vorkommen, dass sie sogar weinen über Dinge, die dir zugestoßen sind oder über Unrecht, was dir widerfahren ist. Dazu kommt noch, dass sie hochentwickelte Wesen sind. Man kann sie auch als Heiler aus dem Naturreich bezeichnen. Vor allem die Lichtelfen sind es, die in allen Sinnen so hoch spirituell entwickelt sind, reinste Lichtenergie in sich tragen und dadurch sogar in der Lage sind, dir sanfte Heilenergie in dein Energiefeld strömen zu lassen. Sie speisen dich mit Leichtigkeit und Unbeschwertheit. Erleichtern dein Herzzentrum, sodass du mit Beschwingtheit deinen Weg gehen und alles erreichen kannst im Leben, wenn du an dich glaubst.

„Glaube an dich und vertraue!"

Elfen leben an den unterschiedlichsten Orten und man unterscheidet sie je nach Ort in ihrer Art. Es gibt, um dir einige davon zu benennen, die Blumenelfen, auch Naturelfen genannt. Sie sind die Gärtner aus dem Elfenreich. Die Mondelfen, die Waldelfen, die Wasserelfen, auch unter dem Namen Wassernymphen geläufig. Sylphen nennt man die Luftelfen. Lichte Wesen, als Hüter des Naturreichs, nennt man Lichtelfen.

Auch gibt es sie in unterschiedlichen Größen, man glaubt es kaum, aber dem ist so. Alle sind äußerst feingliedrig, sensibel, zart und mögen keine lauten Geräusche. Sie lieben mehr die Stille. Daher leben sie eher an zurückgezogen Orten, an denen nicht so viele Menschen täglich vorbeikommen. Dort, wo massig Efeu und Farn wächst, kannst du dir sicher sein, dass Elfen sich zu dir gesellt haben und täglich am Erblühen deines herrlichen Gartens erfreuen. Durchaus ist es auch möglich, dass sie im Laufe der Jahre umsiedeln, um sich eine neue Behausung suchen, jedoch meist im gleichen Gebiet. Manche bauen auch eine kleine Behausung in deinem Garten, um dich beim Erblühen und gedeihen deiner Blumen und Bäume zu unterstützen. Das machen sie von Herzen gerne, sodass du viel Freude an deinem Garten hast. Die Art und Weise, wie sie dir helfen, ist schon erstaunlich, denn sie sprechen immer wieder mit den Pflanzen, Bäumen und Blumen. Sie flüstern ihnen zarte Worte zu, singen dabei gerne liebliche Melodien. Blumen lieben es, wenn man mit ihnen spricht. Sie danken es dir, indem sie dann in voller Pracht erblühen und du lange Zeit Freude an ihren Blüten hast. Gerne kannst du es für dich selbst einmal ausprobieren, indem du öfters mit deinen Blumen und Pflanzen sprichst.

Wer jedoch denkt, dass nur Trolle, Kobolde, Gnome und Zwerge in Baumstämmen bzw. Baumwurzeln, tief unter der Erde leben, der irrt sich gewaltig.

Mein Elfenvolk sind die Lichtelfen des Waldes. Diese haben ihre Behausungen in besonders starken, uralten Bäumen mit dicken, moosbedeckten Wurzeln, die weit über das Erdreich hinausragen. Da diese feingliedrigen Wesen keine Kälte mögen, ziehen sie sich in den Wintermonaten tief nach unten, in ihre Elfenhäuschen, zurück.

Daher ist ihre Präsenz in dieser Zeit nicht für jedermann spürbar. Nur für die Menschen, die ausgewählt wurden, als sogenannte Elfenboten in diesem Erdendasein zu wirken und zwischen den Welten zu vermitteln. Sie können jederzeit mit den Elfen in Kontakt treten und diese herbeirufen. Oftmals haben sie sogar neben ihrem persönlichen Schutzengel eine Elfe, die stets an ihrer Seite weilt.

Mit Beginn des Frühlings, also gegen Ende März eines jeden Jahres, kommen sie dann wieder mehr an die Oberfläche und erkunden ihre Umgebung.

Im Dunkeln oder wenn die Dämmerung beginnt, kannst du sie vielleicht am ehesten sehen. Denn sie leuchten wie Glühwürmchen. So kannst du es dir vorstellen. Sie funkeln, glitzern, schillern wie Seifenblasen in Regenbogenfarben. In Waldlichtungen, sowie auf lichten Wiesen versammeln sie sich gerne, feiern dort Feste, singen und tanzen dazu im Mondlicht bei sanfter Musik.

Der Mondschein lässt ihre Gewänder besonders hell scheinen, sodass du sie als eine Art bunte Energiekugel oder kleine Glitzerfunken bemerken und daran erkennen kannst.

Die Elfen wünschen sich, dass die Menschen sich ihnen wieder mehr und mehr öffnen und eine Welt, in der wir friedvoll mit den Wesen der Natur im Einklang leben. Eine Welt voller Frieden und Harmonie unter den Menschen.

Der Zauber des Waldes Dich mit nimmt auf eine Reise,

auf eine ganz besondere Art und Weise.

Elfen Kurzgeschichten

von einer kleinen Elfe namens Isis

Meine Kurzgeschichten beruhen auf wahren Gegeben-heiten. So, wie ich die Elfen wahrnehme, sie kennenlernen durfte, wie sie sich mir zeigten.

Sie handeln von meiner Elfe „ISIS", die schon seit Jahren an meiner Seite weilt und wurden mir von ihr zum größten Teil übermittelt.

Mit den Geschichten über die Elfe „Isis" werdet ihr mitgenommen in eine andere Welt, die voller Leichtigkeit umgeben mit einem lichtvollen Zauber ist. Isis erzählt Dir Geschichten über ihre Erlebnisse im Elfenwald.

So wünsche ich dir viel Freude beim Lesen.

FRÜHLINGSZEIT - ELFENZEIT

Klein Isis ist aufgewacht und ganz aufgeregt. Auslöser sind die ersten Sonnenstrahlen, die durch die Ritzen in ihr Elfenhäuschen blitzen und ein intensiver Waldbodenduft durchflutet ihre Behausung. Oh, wie herrlich, denkt sie sich. Nun ist es an der Zeit die Türen und Fenster zu öffnen und den Frühling einzuladen. Ein Grund, heute zum ersten Mal in diesem Jahr auf eine Erkundung durch den geliebten Wald zu schlendern oder zu schweben. Isis freut sich schon und öffnet langsam ihre Tür vom Elfenhäuschen. Sie streckt das Köpfchen raus. Die ersten Sonnenstrahlen kitzeln ihr Näschen. Es fühlt sich an wie ein wonniges, tanzendes Gefühl. Bei einem tiefen Atemzug steigt der Duft aus dem Reich der Natur in ihr sensibles Näschen. Ein feuchter, nasser, erdiger Duft mit einer gewissen holzigen Note, luftig und frisch, sehr angenehm. Sie freut sich riesig darüber, während ihre Blicke ringsherum schweifen. Alles ist noch recht still im Elfenwald. Ein leichter Windzug ist zu fühlen und lässt ihr wundervoll, glänzendes Haar nach Richtung Süden wehen. Im Sonnenschein leuchtet es in allen Regenbogenfarben. Welch ein lichtvolles Spiel und besonderer Glanz. Jetzt aber schnell, denkt sie sich, dass ihr Rundgang durch den Elfenwald beginnen kann. Doch so schnell, wie sie es gerne hätte, geht es nun doch nicht. Zunächst einmal muss sie fertig werden mit ihren morgendlichen Ritualen, die anstehen. Eine rasche Katzenwäsche zum Beispiel gehört dazu. Isis hat eine kleine Tautropfendusche in ihrem Häuschen, womit sie sich täglich am Morgen ein paar Tropfen mit ihren winzig, zierlichen Händen auffängt, diese über das Gesicht und Hände streift. Danach schlüpft sie in ihr luftiges, grün schimmerndes Gewand, welches über und über mit silbernen Glitzersternen bestickt ist. Wie wundervoll es funkelt.

Normalerweise gehen die Elfen barfüßig durch ihre Wälder. Doch am heutigen Tag, denkt sich Isis, es sei wohl viel besser ihre Lederpantoffeln überzustreifen, sodass ihre zarten Füße nicht kalt werden und sie sich nicht sogleich erkältet an den ersten Frühlingstagen im Elfenwald. Daher nimmt sie sich ihre süßen, grün eingefärbten Lederschühchen, mit glitzernden Perlen bestickt. Es sind klein Isis Lieblingsschuhe. Sie fühlen sich an den Füßen derart weich und luftig an, man spürt sie kaum, trotzdem halten sie sehr warm. Isis liebt diese Schühchen über alles. Auch wenn die Sonne eine gewisse Wärme auf den Körper abstrahlt, so ist der

Boden doch noch etwas kalt. Die Sonne muss um diese Jahreszeit zunächst noch über ein paar Wochen lang viele Stunden scheinen, sodass sich der Waldboden erwärmt, bis man dann ebenfalls barfüßig durch den Wald schreiten kann. Noch bevor sie sich nun auf den Weg macht, knurrt plötzlich ein wenig ihr kleiner Magen und sie verspürt ein Hungergefühl sowie Durstgefühl. Sogleich bereitet sie sich schnell einen Tee aus Brennnesselblättern zu. Dazu isst sie ein paar getrocknete Beeren. Von essen kann jedoch eigentlich nicht gerade die Rede sein. Isis schlingt die Beeren eher runter, da sie ja so unglaublich aufgeregt ist. Fieberhaft blickt sie ihrem Streifzug durch das Naturreich entgegen. Freudig macht sie sich nun auf den Weg, um ihren Elfenwald zu erkunden. Ganz aufgewühlt auf alles Neue, was es zu entdecken gibt.

Wie sie nun so gemütlich vor sich hin schlendert summt sie dabei ein fröhliches Liedchen und erfreut sich links und rechts an den schönen Baumwurzeln, die schon den Duft des Mooses abgeben. Wie sie so weiter um die kahl aussehenden Bäume trudelt, durch die man zurzeit noch viele 100 Meter geradeaus blicken kann, erspäht sie tatsächlich einige Schneeglöckchen, sowie die ersten Buschwindröschen. Die aus dem Waldboden empor wachsen. Erst wenn der Wald wieder in sein saftgrünes Kleid eingehüllt ist, alle Blätter, Gräser und Büsche in voller Pracht den Wald glänzen lassen, ist der Durchblick nach vorne, für uns Menschen, fast unmöglich. Isis hat heute eine sehr gute Sicht. Sie kann weit zwischen all den Bäumen blicken.

Ihr müsst wissen, Elfen haben stark ausgeprägte Sinne und können viel weiter nach vorne sehen als wir Menschen. Sie erblickt in der Ferne etwas, das sie hier noch nie gesehen hat in ihrem Elfenwald. Ein edles, königliches Tier. Umgeben von einem himmlischen Leuchten, wie in einer Lichtkugel eingehüllt. Solch ein Wesen hat es hier noch nie gegeben, im Elfenwald. Neugierig, wie sie ist, schleicht sie sich ganz leise auf Zehenspitzen immer näher. Ein gewisser Zauber ummantelt diese geheimnisvolle Gestalt, gar ähnlich wie die eines Pferdes aussehend. Etwas Glitzerndes, Aufblitzendes sprudelt aus seinem Kopf.

Isis glaubt ihren Augen nicht recht zu trauen. Das funkelnde Etwas ist wie ein spiralförmiger Stab, der vom Kopf dieses Wesens nach oben herausragt. Isis verspürt eine angenehme Energie. Sie wagt sich noch ein Stück näher, an diese zauberhaft, seltsame Erscheinung, welche auch sie bereits erblickt hat, heran.

Ups, schon steht sie plötzlich direkt vor diesem Wesen und hat mit ihm Blickkontakt. Das Tier scheint sich gar nicht zu erschrecken und bleibt ganz ruhig stehen. Tief blicken sich beide in die Augen. Isis fühlt eine große Achtung vor diesem Wesen, das da gerade vor ihr steht. Zumal es ziemlich größer ist als sie selbst.

Der erste Blick zwischen den beiden fühlt sich unbeschreiblich liebevoll an. Eine prickelnde Wärme steigt auf, dazu ein Gefühl von Leichtigkeit und Glückseligkeit. Der tiefe Blickkontakt verbindet die Herzen zwischen den beiden. Isis verspürt sogleich eine große, tiefe Verbundenheit und Geborgenheit an der Seite dieses Wesens. Sie schmiegt sich langsam voller Vertrauen an. Zärtlich streichelt sie ihm von Liebe erfüllt über das Fell. Ich bin das Einhorn „Seelenklang", flüstert eine liebliche Stimme in Isis Ohr. Wir Einhörner, aus dem Morgenland, möchten euch Waldbewohner nun begleiten in diesem Jahr. Wir hüllen den Elfenwald in einen glitzernden Einhornsegen. Die kommende Zeit wird fabelhaft. Mit unseren Lichthörnern möchten wir die Energie der bedingungslosen Liebe verbreiten.

Lichtfunken sprühen förmlich um Isis herum. Davon ist sie ganz verzaubert und voller Dankbarkeit, über diese wundervolle, neue Freundschaft. Was für ein Glücksgefühl........

„Ach, was ein herrlicher Tag", sind die Gedanken von Isis, als sie so auf dem Rücken ihres neuen Freundes Seelenklang durch den Wald reitet. Gemeinsam erkunden sie nun die Gegend vom Elfenwald.

Noch zeigt der Wald sich nicht in seinem gewohnten magischen Flair. Alles wirkt ein wenig kahl und doch duftet der Wald bereits nach Frühling. Einige Wochen wird es wohl noch dauern, bis die Bäume allmählich ihr grünes Kleid tragen. Die Sonnenstrahlen dann wieder durch die grünen Blätterdächer der Baumkronen schimmern können. Darauf freut sich Isis schon unbeschreiblich. Auf die tanzenden Sonnenstrahlen, die den Wald dann durchfluten. Diesen in einen magischen Anblick versetzen. Dadurch in einem Schein wie Regenbogenkristalle erleuchten lassen. Welch ein lichtvolles Spiel und besonderer Glanz, wenn die Sonnenstrahlen den Wald durchfluten. Alles erstrahlt dann so verspielt und verleiht dem Wald einen ganz einzigartigen Zauber.

Isis fühlt sich glücklich auf dem Rücken ihres neuen Freundes. Man kann die Verbundenheit der beiden fühlen. Auch spürt man regelrecht, welch wundervolle Energie, so herzerwärmend, von beiden ausströmt, wenn sie an einem vorbeistolzieren. Eine Symbiose der Ganzheit. - Eins sein zu Zweit –

Isis ist ganz verliebt. So schmiegt sie sich noch enger an den Rücken ihrer Einhornliebe *Seelenklang*.

„Lass uns einen Blick zur lichten Elfenwiese machen:" flüstert sie ihm zu.

So machen sich beide auf den Weg dorthin.

ELFENFEST

Klein Isis ist wie immer ganz aufgeregt. Heute ist ihr Geburtstag und dieser wird natürlich gefeiert auf der schönen lichten Wiese inmitten ihres Elfenwaldes. Wochen zuvor ist sie bereits durch den Elfenwald geschwebt, um all ihre Freunde, darunter auch einige vierbeinige Waldbewohner, dazu einzuladen. Doch damit nicht genug. Viele Vorbereitungen für dieses besondere Jahresfest hat sie in den letzten Tagen mit ihren Freundinnen getroffen. Alle waren sehr fleißig. So wurden kleine Tische aus runden Holzscheiben gebastelt. Dazu noch im Durchmesser kleinere Baumstämme verwendet, worauf die Tischplatten aus Baumscheiben ihren Platz fanden. Alle Sitzmöglichkeiten wurden ebenso aus Baumstämmen geschaffen. Allerlei große Waldbewohner, darunter ihre Tierfreunde, halfen dabei, dass die Baumstämme auf der sonnigen Wiese Platz fanden. Einige Elfenfreundinnen haben viele Körbe voll mit Isis Lieblingswaldbeeren gepflückt und davon auf jeden Tisch einen gestellt. Doch selbst am heutigen Tag, dem Tage aller Tage, dem großen Festtag, gibt es noch allerhand zu tun. Schließlich feiert man nicht jeden Tag seinen Jahrestag. Deshalb soll dieser auch ganz besonders prachtvoll und prunkvoll ausgerichtet werden. Bis in die Morgendämmerung des nächsten Tages soll gefeiert werden.

Wie ihr zwischenzeitlich bereits gelesen habt, lieben Elfen es, im Mondschein zu lieblich, melodischer Musik, zu tanzen und zu singen. Am liebsten zu Harfenklängen. Daher soll es diese wohltönende Musik natürlich auch geben. Das zu organisieren ist für klein Isis überhaupt kein Problem. Sie ist nicht nur neu- gierig, sondern auch sehr vielfältig und einfallsreich in ihren Ideen. Manchmal sprudelt sie nur so vor Energie, sowie vor vielen Einfällen, sodass sie gar nicht weiß, was sie nun als Erstes umsetzen soll.

Doch kommen wir zurück zu den Harfenklängen. Damit auf ihrem Feste heute Abend zum Vollmond auch himmlische Melodien erklingen können, sind die Waldspinnen gefragt. Diese müssen jetzt bis um Mitternacht ganze Arbeit leisten. Sie sollen ihre Netze um die angrenzenden Bäume der lichten Wiese, inmitten des Elfenwaldes, spinnen. Nämlich, das sind sie, die Harfen des Waldes. Mit ihnen lassen die Elfen ihren Wald mit wundervollen Klängen erklingen. Auf den Spinnennetzen zupfen sie liebliche, besinnliche Töne für eine festliche Stimmung und Atmosphäre. Diese sanfte, klangvolle Musik wird den ganzen Wald durchdringen und dabei die Seelen aller erwärmen.

Harfenklänge sind mehr als ein absoluter Festtagshöhepunkt für unsere Isis. Diese dürfen daher auf keinen Fall an ihrem Jahresfest fehlen. Immer wieder aufs Neue verzaubern und berühren die Klänge der Harfe die Herzen aller, auf eine engelhafte Art und Weise, die unbeschreiblich ist.

Manchmal, wenn Elfchen Isis sehr traurig ist, was jedoch eher selten vorkommt, lässt sie sich ein Spinnennetz herstellen, um dann darauf selber zu spielen, denn das Harfenspiel verleiht ihr Trost. Jedes Mal, wenn die Harfe erklingt, fühlt sie sich in Windeseile leicht, beschwingt und sprudelt wie ein Wirbelwind.

Harfenklänge geben dir eine wohltuende, ermutigende und tröstende Note. Auch heben sie deine Stimmung an.

Lange wird es nun nicht mehr dauern, bis der Platz der lichten Wiese im Elfenwald mit Lebendigkeit, voller Freude, vielen plappernden Stimmen die kichern, umgeben sein wird. Wenn die Sonne am höchsten steht, soll das Fest beginnen. Klein Isis hat Glück. Heute scheint die Sonne nach all dem Regen in den letzten Tagen und Wochen. Endlich wird der Wald wieder durchflutet mit den funkelnden Sonnenstrahlen, die das Gebiet in einen traumhaften Flair versetzen, somit den Zauber des Elfenwaldes bewirken. Die blaulilafarbigen Glockenblumen, die klein Isis ja besonders liebt, kommen im Antlitz der Sonne auf der lichten Wiese auch besonders leuchtend zur Geltung. Die ganze Wiese erstrahlt durch die lichtvolle Sonne in einem unbeschreiblich magischen Anblick. Die Blumenelfen eilen noch schnell herbei, um die Tische mit Blumenkränzen zu schmücken.

Besser kann das neue Lebensjahr wohl nicht beginnen. So kann es schöner zu ihrem Festtag heute gar nicht sein, denkt sich Isis. Einige Vorbereitungen sind noch zu treffen. Ihre besten Freundinnen sind eifrig damit beschäftigt, um diesen Tag so schön wie möglich zu gestalten, sodass es an nichts fehlen wird. Auf jeden

Fall gibt es natürlich leckere Getränke, die hauptsächlich aus Beerensäften bestehen, sowie wohltuende Speisen, einer Elfe entsprechend.

Bis alles so weit ist, die Gäste eintrudeln werden, hat klein Isis noch ein wenig Zeit. Sie zieht sich zurück in ihr Elfenhäuschen und macht sich hübsch. Ihr schönstes Kleid wird heute übergezogen. Ein luftig, weiß silbrig durchsichtiges Kleid bestickt mit Glitzersteinchen, die regenbogenfarbig im Sonnenlicht schimmern werden. Was für ein lichtvoller Anblick. Zu sehen ist eine zauberhafte Isis, die heute einen ihrer schönsten Tage im Jahr feiern wird.

So langsam nähern wir uns der Mittagszeit. Die Sonne hat ihren höchsten Stand am Himmel erreicht. Das ist ja der Zeitpunkt, an dem das große Fest beginnen soll. Bei den Elfen gibt es keine Zeit und kein Raum. Sie richten sich dabei ganz dem Verlauf der Natur. Entsprechend im Rhythmus mit dem Sonnenauf und Untergang. Elfen beobachten den Verlauf des Mondes und der Sonne regelmäßig um beurteilen zu können, wann die Sonne am Himmel am höchsten steht.

Das ist bei uns bekanntlich in der Zeit zwischen 12 Uhr und 13 Uhr. Der sogenannten Mittagszeit, wie wir es nennen.

Die Erforschung von Zeit und Zeitbewusstsein liegt in der Geschichte schon lange zurück, worauf ich daher an dieser Stelle nicht weiter eingehen möchte. Das Körperbewusstsein der Elfen unterscheidet sich gewaltig von unserem menschlichen. Die unsichtbaren Wesen haben eine völlig andere Zeitqualität. Doch lehnen sie sich an die unserige an, da sie ja auch, – wenn nur als unsichtbare Wesen -, auf unserer Erddemission leben.

Die Elfen haben also ein Gespür für den Zeitlauf. So auch unsere Isis. Denn langsam wird sie immer mehr unruhiger und aufgeregter. Isis spürt an ihrem Körper, dass es nur noch wenige Augenblicke dauern kann, bis die Sonne am höchsten steht. Noch einen kurzen Blick wirft sie in ihren putzigen Spiegel, umrandet mit lauter kleinen Efeublättern. Wie hübsch sie doch aussieht unsere Isis.

So verlässt sie nun ganz schnell ihr Elfenhäuschen. Da sie es kaum noch erwarten kann, wird sie sicherlich nicht laufen. Wie ihr es euch vorstellen könnt, schwebt sie vielmehr in Windeseile zur großen Wiese, auf der die Feierlichkeiten gleich beginnen werden.

Kaum dort angekommen finden sich auch schon die ersten Gäste ein. Viel Zeit zum Plaudern mit den Blumenelfen von nebenan hat sie nicht, denn nun geht es zügig weiter. Nach und nach strömen die geladenen Gäste auf den großen Wiesenplatz herbei und füllen diesen mit Lebendigkeit. Alle sind lustig und guter Laune. Singen, tanzen, essen, trinken und haben große Freude dabei. So ist es heute schon ziemlich laut, in dem sonst eher ruhigen und stillen Elfenwald. Ganz eingehüllt ist er mit Leben, bis in die frühen Morgenstunden.

Ein herrlich gelungenes Fest, mit fröhlicher Stimmung. Als der Mond um Mitternacht hellleuchtend, oben am Horizont erstrahlt, ist die Feier noch in vollem Gange. Der festliche Höhepunkt blieb bisher allerdings aus. Jedoch jetzt schlägt die Stunde, die das tolle Fest von Isis unvergesslich bleiben lässt und überhaupt das Schönste am ganzen Fest der Elfen ist. Die Zeit ist gekommen, wo die Harfen werden erklingen und der ganze Elfenwald schwingen wird.

Zum heutigen Festtage sind es die Spinnen, die gleich auf den Waldharfen zupfen werden. Bereits auf ihren Posten warten sie, bis die Plappermäulchen der Elfen etwas leiser geworden sind. Schon bald hört man die sanften, lieblichen Harfenklänge durch den Wald schallen. Die Elfen tanzen dazu voller Freude und singen im Mondschein. Ihre Gewänder schimmern im Licht des Mondes. Die ganze Elfenwiese ist dann eingehüllt mit lichtvoller Energie, wie eine Verbindung vieler springender Energiekugeln. Ein Hauch von Leichtigkeit und Unbeschwertheit durchströmt den Elfenwald und lässt die Seele aller Gäste in Glückseligkeit erklingen.

Wenn du aus der Ferne zusehen würdest, dann stell es dir so vor, dass die Wiese wie ein magisches Licht, ein energievoller Lichtblitz inmitten des Waldes, wirkt.

Isis jubelt vor Glück und ist voller Dankbarkeit über diesen tollen Tag und dem gelungenen Elfenfest.

Ich darf dir jetzt noch verraten, dass lichtvolle Einhorn *Seelenklang*, der neue Freund von Isis, durfte natürlich nicht fehlen und war auch auf ihrem Feste.

Aber das hast du dir sicherlich bereits gedacht, da du ja schlau bist, fast so wie eine kleine Elfe!

ELFENFLUG
IM SOMMERFLAIR DES WALDES

Nun fragt ihr euch, ob Elfen fliegen können. Meine Elfe Isis kann es jedenfalls und darum ist es kein Wunder, dass es am heutigen morgen im Elfenhäuschen ganz still ist. Klein Isis ist nämlich bereits früh, noch vor Aufgang der Sonne aufgestanden, und hat ihr Elfenhäuschen verlassen. Ein wunderbar, lauwarmer Frühmorgen im Elfenwald. Alles duftet so herrlich um ihr Häuschen herum. Ein hölzerner Duft weht Isis um ihr Näschen. Sie erfreut sich am Anblick der Natur, um ihr Elfenhäuschen. An dem, was um diese Jahreszeit rundherum erblüht. Nicht nur, dass die herausragenden dicken Baumwurzeln von ihrem Elfenhäuschen so prachtvoll mit samtweichem, dicken Moos bedeckt sind. Nein, es riecht auch noch frisch nach Freiheit und einer Prise puderigem Grün. Der Stamm ihres Baumes ist prächtig mit Efeuranken bewachsen. Vor ihrem Eingang sind hier und dort würzige Grasbüschel zu finden. Vor allem ist der Waldboden über und über in weiter Ausdehnung mit Farn bewachsen. Klein Isis ist immer wieder fasziniert von diesem Anblick, denn sie liebt diese grünen Pflanzenwedel über alles. Vereinzelt blühen noch ein paar Buschwindröschen.

Das Buschwindröschen gehört zu den typischen Blumen, die im Wald wachsen und gedeihen. Sie erblühen zu Beginn des Frühlings in weißer Blütenpracht, eher flach gewachsen und je nach Bodenstruktur bis in den Sommer hinein. Du findest sie großflächig ringsherum um die Bäume als eine Art Schutzschicht für den Waldboden im Frühling, da die Bäume noch kaum Blätter tragen zur Frühlingszeit. Das Buschwindröschen, sowie andere Blütenpflanzen des Waldes sind überwiegend Frühlingsblüher. Sie brauchen das Licht, so wie du die Luft zum Atmen. Wenn die Blätter aus den Bäumen austreiben, wird der Waldboden durch das Blätterdach zu sehr verdunkelt. Daher findest du sie im Sommer hauptsächlich nur noch auf lichten Wiesen und Waldlichtungen wachsen.

An Stellen, wo im Wald das Sonnenlicht mehr durchscheinen kann hat man Glück und kann sich dort an Blütengewächsen erfreuen.

So auch bei klein Isis. Um ihr Elfenhäuschen herum gibt es kleine Stellen, wo das Sonnenlicht direkt den Waldboden berühren kann. Dort wachsen auch in diesem Sommer wieder ihre Lieblingsblumen. Die kleinen Glockenblumen, auch Zwerg-Glockenblume genannt. Je nach Sonnenlichteinfall schimmern sie blau- oder lilafarbig. Das sind mitunter die absoluten Lieblingsfarben meiner kleinen Elfe Isis.

Isis erfreut sich jeden Tag an dem Anblick der Natur. Daher hat sie heute schon früh ihr Elfenhäuschen verlassen, um im Flug den Wald zu erkunden. Ja, das mit IM FLUG DEN WALD ERKUNDEN, kannst du wörtlich nehmen. Es bereitet ihr immer wieder große Freude den Elfenwald durch die Luft zu betrachten. Ihre zarten regenbogenfarbigen Flügel glitzern dabei im Antlitz der Sonne. Ihr könnt es euch so vorstellen, dass es wie kleine Lichtfunken aussieht, wenn Isis zwischen den Bäumen schwebt.

Falls dir also bei einem deiner Waldspaziergänge einmal kleine Lichtfunken vor der Nase aufblitzen sollten, so müssen dies nicht unwillkürlich gleich Kreislaufbeschwerden sein. Nein, vielleicht ist es eine Elfe, die gerade an dir vorbei saust!

Klein Isis ist heute wieder auf Erkundungsflug in ihrem Elfenwald unterwegs. Sie fliegt kreisend, in Schlangenlinien zwischen den Bäumen. Stundenlang, immer wieder und immer wieder, sodass dabei regelrecht ein großer Lichterfunkenschwarm entsteht. Die Sonne steht bereits schon ganz oben am Horizont. Heute ist ein extrem heißer Tag, doch lässt sie es sich nicht nehmen, auch in der heißen Mittagssonne weiter, durch den Elfenwald zu fliegen.

Elfen sind ja so neugierig, wie ihr wisst. Was sollte somit Isis davon abhalten, denn unser kleines Elfchen ist eines der äußerst neugierigsten Wesen von den Lichtelfen des Waldes.

Zurzeit sind Sommerferien. Während dieser Phase sind weitaus mehr Wanderer unterwegs als zu anderen Zeiten. Einige von ihnen, die bereits im Wald unterwegs sind, hatte sie beim Überfliegen schon erblickt. Kein Wunder, dass unser Elfchen den Drang verspürt, weiter auf Erkundungsflug durch den Elfenwald zu schweben, trotz heißer Mittagssonne, um zu lauschen, was sich die Wanderer auf den Waldwegen so alles zu erzählen haben. Wie sie angezogen sind. Was für eine Art Mensch sie sind und welche Orte sie in ihrem Wald aufsuchen.

Unsere Isis lebt auch an einem besonders magischen Fleckchen vom Elfenwald. Dort stehen wundervoll schöne Bäume. Diese haben dicke, moosbedeckte Wurzeln, die weit bis über die Oberfläche des Waldbodens hinausragen. Gerade jetzt um diese Jahreszeit, wo alles blüht und grünt, hat dieser Wald einen nahezu außergewöhnlichen Flair. Das kommt mitunter von den Sonnenstrahlen, die so herrlich durch die Bäume flimmern. Ein lichtvoller, mystischer Zauber, fast so, als würden die Elfen zum Mondlicht tanzen.

Klein Isis nimmt Platz auf ihrem Lieblingsbaum. Einer dicken, alten Birke am Wegesrand. Sie nimmt eine Art Beobachtungsposten ein und wartet ab, was sich heute hier in ihrem Elfenwald so tummeln wird.

So thront sie eine Weile ziemlich oben, fast auf des Baumes Spitze. Schaut sich nach links und rechts um.

Ihr müsst wissen, Elfen haben ganz feine Sinne. Sie können schon über 1000 Meter weit erspüren, wenn sich jemand ihnen nähert. Nicht nur am Geruch können sie wahrnehmen, sondern auch mit den Ohren. Elfen haben ein ganz besonders feines Näschen. Daher können sie über weite Meter die unterschiedlichsten Gerüche wahrnehmen. Dabei kitzelt oft das kleine Elfennäschen, auf die unterschiedlichste Art und Weise. Je nachdem welche Art von Gerüchen eine Elfe wahrnimmt, muss sie dabei heftig nießen. Wobei es sich bei den allgemeinen Gerüchen des Waldes, der Umgebung in denen sie leben, natürlich etwas anders verhält. An diese Gerüche sind sie gewöhnt und müssen deshalb nicht niesen. Nur bei fremdartigen Gerüchen. Auch haben die Elfen sehr feine Ohren, mit denen sie ebenso über 1000 Meter weit hören können. Verständlicherweise mögen sie daher keine lauten Geräusche. Elfen hören, sehen und riechen auf eine außergewöhnliche Art und Weise. Ein großer Unterschied zu uns Menschen.

Schon bald kitzelt ihr Näschen. Sie nimmt einen süßlichen, lieblich, riechenden, unbekannten Duft wahr. Dabei hört sie leise Stimmen. Jetzt wird es nicht mehr lange dauern. Isis ist schon ganz gespannt, wer gleich an ihrer großen Birke vorbeischlendern wird. Immer näher kommen die Stimmen. Isis hält Ausschau und spitzt weiter die Ohren. Heute hat sie Glück. Die Wandergruppe bleibt unter ihrem Birkenbaum stehen.

Oh – was ist denn das? Es hat den Anschein, dass die Wanderer direkt unter Isis Baum eine Pause einlegen wollen. Sie breiten eine große Decke aus im kunterbunten Patchwork Design. Mit ihrem Muster aus kleinen Blümchen im Landhausstil wirkt sie ganz verspielt. Dem Aussehen nach können das nur Engländer sein. Isis reckt ihr Köpfchen noch weiter nach unten und lauscht. In der Tat, der Sprache nach sind es Engländer. Vier Wanderer, bestehend aus zwei Kindern und wohl deren Mutter sowie Vater. Die beiden Kinder plappern unentwegt, wollen gar nicht mehr aufhören mit dem Reden. Für Isis werden diese arg schrillen Kinderstimmen im Ohr langsam un-erträglich. Da sie ab und zu gerne mit Begeisterung Schabernack betreibt, kann sie es nicht lassen. Mit versteckten Tönen ruft sie ihre Freunde, die Waldmäuse, herbei. Diese kommen auch recht schnell angeflitzt und springen hurtig über die bereits ausgebreitete Decke. Die beiden Kinder, ein Junge und ein Mädchen, erschrecken fürchterlich. Schreien zwar nochmals kurz laut auf, sind dann aber sofort leise. Artig kuscheln sich ganz eng an ihre Mutter, die inzwischen auf der Decke Platz eingenommen hat, um aus dem Rucksack das mitgenommene Essen und die Getränke auszupacken.

Zum Glück ist es nun ruhiger geworden. Isis bedankt sich bei ihren Waldfreunden. Diese bleiben jedoch noch ein wenig versteckt hinter dem Baum auf der Lauer liegen. Schließlich sind Mäuse kleine Nasch-katzen und wenn hier gerade schon Essen platziert wird, dann könnte es ja sein, dass für die Mäuschen davon etwas abfällt.

All die Köstlichkeiten, die da so ausgebreitet auf der Picknickdecke liegen, duften unbeschreiblich, sodass Isis gerne von all den leckeren Sachen naschen würde. Vor allen Dingen hat sie Blaubeermuffins gesichtet.

Blaubeeren sind neben den Walderdbeeren ihre Lieblingsbeeren und Süßes mag sie ja allzu gerne.

Die Mutter hat diese Muffins so entzückend mit bunten Perlchen verziert. Das bringt die vier Kinderaugen zum Leuchten. So haben sie überhaupt keinen Sinn danach, irgendetwas anders essen zu wollen. Sie stopfen die Blaubeermuffins regelrecht in sich hinein. Zum Leid unserer kleinen Isis, die ja so sehr gehofft hat, dass die Familie vielleicht beim Aufbruch eines von diesen leckeren Blaubeermuffins vergisst oder zumindest ein Stückchen davon am Boden neben dem Baum für sie liegen bleibt. Doch die beiden Kinder verputzen diese bis auf den letzten Krümel. Isis ist ein wenig traurig darüber. Würdest du nun neben ihr sitzen, könntest du einen kleinen, zarten Seufzer vernehmen, fast wie ein leises klingelndes Glöckchen.

Doch ihre Waldfreunde, die Mäuschen, haben Glück. Das Mädchen, Emily ihr Name, so klingt es jedenfalls in Isis Ohren, hat sich den Bauch nun vollgegessen. Aus Langeweile spielt sie, nicht gerade zur Freude ihrer Mutter, mit Käsewürfeln. Sie nimmt einen Käsewürfel nach dem anderen aus der Box und legt diese vor sich auf der Decke hin. Der Reihe nach schnippt sie, soweit es irgendwie geht, jeden einzelnen mit ihren kleinen Fingern kreuz und quer in den Wald hinein. Erst als die Mutter anfängt mit ihr zu schimpfen, hört sie damit auf. Die Mäuse jedoch freuen sich riesig auf einen feinen Schmaus.

Während die Familie eifrig mit Essen beschäftigt ist, wird so allerhand dabei geredet. Vor allem sprechen die Kinder voller Begeisterung über den großen Steinfelsen, an dem sie vorbeigekommen sind.

Der große Felsen hat seinen Ursprung aus der Zeit als hier im Elfenwald die Kelten angesiedelt waren. So steht er demnach schon über tausende von Jahren auf diesem Fleckchen Erde. Umgeben ist dieses Gebiet mit sehr alten, moosbedeckten Bäumen, die einen mystischen Anblick haben und teilweise inzwischen schief gewachsen dastehen oder sich ineinander verschlungen haben. Durchaus eine Attraktion im Elfenwald, die es sich lohnt aufzusuchen.

Klein Isis mag diesen Ort, an dem der große Steinfelsen im Elfenwald steht, nicht sonderlich. Viele Kämpfe wurden dort während der Keltenzeit ausgetragen, dabei auch viel Blut vergossen. Die Energie ist dort, schon allein aus diesem Grund, nicht sehr angenehm. Eine Schwere durchströmt diesen Waldabschnitt nach wie vor. Obwohl es bereits so viele Jahrtausende zurückliegt, kann man die Schwingung und Energie aus dieser Zeit immer noch fühlen. Zumindest unsere kleine Lichtelfe Isis, die ja von Natur aus eine sehr viel feinere Wahrnehmung besitzt als wir Menschen.

Der kleine Junge, Tom sein Name, das jüngere Kind von den beiden, redet voller Übereifer munter weiter über diesen Ort. Hat er doch eine der Höhlen vom Steinfelsen entdeckt.

Diese ist gar nicht so einfach auf den ersten Blick erkennbar, weil sie mehr verhüllt liegt. Doch wie kleine Kinder eben sind, sie müssen alles erkunden. Auch versteckte Winkel sind vor ihnen nicht sicher, da sie bekanntlich sehr neugierig sind.

Diese Höhle war für ihn ein faszinierender Fund. In Kinderaugen keine gewöhnliche Höhle, nein - man konnte sogar hineingeben und es gab einiges überraschendes zu sehen. Saßen dort in einer Ecke tatsächlich lauter Bären. Natürlich waren es keine echten Bären, sondern Stoffteddybären in unterschiedlichen Farben und Größen. Viele Menschen zuvor haben diese dort bei ihren Wanderungen hinterlassen. Wahrscheinlich aus dem Grund, dass es sich bei dieser Höhle tatsächlich einmal um eine echte Bärenhöhle handelte und vor vielen Jahrtausenden von Jahren Bären dort gelebt haben. So wurden die Stoffbären symbolisch dort hinterlassen.

Der kleine Tom hätte so gerne einen Teddy als Erinnerung aus der Höhle mit nach Hause genommen. Gut nachvollziehbar, welches Kind liebt keine Stoffbären. Seine Mutter konnte ihn davon überzeugen, dass die Bären dort als Wächter für den Felsen bleiben müssen und ganz traurig wären, wenn sie jemand von dort entfernt. Nach langem Zureden hat der kleine Tom es verstanden und keinen Bären mitgenommen.

Nun muss die Mutter allerdings den kleinen Tom in seinem Übereifer bremsen, denn es ist an der Zeit aufzubrechen und zuvor alles zusammenzupacken. Der Tag geht bald zu Ende und es wird auch nicht mehr lange dauern, dass die Sonne untergeht. Sie haben noch einiges an Weg zurück zulegen bis zum Parkplatz, wo der Reisebus auf sie wartet.

Klein Isis hat sich oben auf ihrem Baumstamm sitzend, mit großer Begeisterung all die Erzählungen angehört. Was war das doch wieder ein aufregender und spannender Tag! So langsam wird sie etwas müde. Sie wartet, bis die Familie sich weit genug entfernt hat. Dann geht es ab im Elfenflug. In Windeseile saust sie zurück in ihr gemütliches Häuschen, nimmt Platz auf dem kleinen kuscheligen Sessel und schließt die Augen. Wieder geht ein Tag im Elfenwald zu Ende.

Sonnenfest im Elfenwald

Die Feierlichkeiten im Elfenwald nehmen kein Ende. Gerade mal einen Wimpernschlag liegt es zurück, als im Elfenwald klein Isis Geburtstag gefeiert wurde. Nun steht noch ein besonderes Fest bevor. Ein magisches Fest. Das größte aller Elfenfeste findet bald statt. Wie in jedem Jahr zum 09.09. Denn dies ist bei den Elfen ein besonderes Datum. Zumal die beiden Zahlen ineinander verschmelzen.

Probiert es mal aus. Malt euch zweimal eine 9 auf ein Blatt Papier und legt diese dann übereinander. Das Ergebnis müsste dann praktisch so aussehen, als hättet ihr nun eine neue Zahl vor euch liegen. Aus zwei Zahlen ist nun eine Zahl geworden, – nämlich eine **8.**

Die beiden Zahlen bilden einen Kreis, indem sie miteinander verschmelzen. Der Kreis symbolisiert Einheit und Verbundenheit. Glaube und Wille verbinden sich zu einer Ganzheit. Daher zelebrieren die Elfen zu diesem besonderen Datum das Sonnenfest. Das Sonnenfest ein volkstümlicher Brauch, der bereits als irisches Volksfest, unter anderem in Irland, während der Keltenzeit gefeiert wurde.

Irland nennt man nicht umsonst die grüne Insel. Nicht nur, weil es dort so viel regnet und ein völlig anderes Klima herrscht als bei uns. Nein, es ist auch ein Land in dem sich die Elfen bereits vor über 1000 von Jahren angesiedelt haben. Selbst heute leben dort noch viele von ihnen. Wie ich euch bereits über Elfen geschrieben habe, sind sie auch für die Natur zuständig und recht fleißig darin, dass alles wächst, schön grünt und blüht.

Demnach kann man sich gut vorstellen, dass nicht nur der Regen die grüne Insel in voller Pracht am Leben hält, sondern sicherlich auch ein wenig die Elfen, die ihre magischen Finger dabei im Spiel haben.

Hauptsächlich in der Keltenzeit, während des Mittelalters, war die Gewichtung von Festen nach dem keltischen Jahreskreis heilig und man richtete sich für bestimmte Feste danach. So wurden zumindest die irischen Hauptfeste auf jeden Fall ausgerichtet.

Elfen wurden zu dieser Zeit sehr verehrt, somit bei den Zeremonien oftmals mit einbezogen und herbeigerufen. Ein leichtes, denn Feuer mit edlen, gut duftenden Räucherungen, macht die Elfen neugierig. So kann es durchaus sein, das sie beiwohnen ohne gerufen zu werden und du es nicht bemerkst.

Gefeiert werden Mondfeste und Sonnenfeste. Einigen von euch sind sicherlich die Namen bekannt, wie vor allem Beltane und Samhain. Diese sind als Mondfeste besonders hervorzuheben. Letzteres gilt als Mitte des keltischen Jahres und als Fest des Spätherbstes dem man nachsagt, dass zu dieser Zeit die Tore zur Anderswelt besonders offenstehen.

Mit dem Sonnenfest wollen die Elfen Abschied nehmen vom Sommer. Jetzt werden die Tage wieder kürzer und die Nächte wieder länger. Das Ende des Sommers im Elfenwald soll eingeläutet werden. Der Sommer hat die Elfen wieder ausgiebig mit Gaben beschenkt. Aus Dankbarkeit dafür muss dieses Geschenk natürlich von den Elfen groß gefeiert werden.

Unter Geschenken, für die Elfen und deren Freunde, vor allem auch den Tieren, die im Elfenwald leben, sind all die Dinge zu verstehen, die auch du im Wald finden kannst. Wie zum Beispiel Waldbeeren, Blätter, Eicheln, Tannen- oder Kiefernzapfen, Harze, Waldhonig, Pilze, Kräuter, Blätter, Pflanzen, Blumen und vieles mehr. All das sind Dinge, welche diese Wesen zum Leben brauchen und sich über das Jahr hinweg ansammeln, in ihre Behausungen bringen, für die Winterzeit als Vorrat.

Damit auch im nächsten Jahr die Waldbewohner des Elfenwaldes erneut so reichlich mit all den Früchten des Waldes beschenkt werden, darf das große Sonnenfest nicht ausbleiben.

Klein Isis war schon Tage zuvor wieder ganz unruhig und fieberte dem großen Festtag des Waldes entgegen.

Nun ist es endlich so weit. Heute findet das große Sonnenfest statt. An diesem Morgen ist Isis voller Aufregung erwacht. Gerade eben mal die Augen geöffnet, kann sie sich an den tanzenden Sonnenstrahlen erfreuen, die kreisförmig um ihr Bettchen im Elfenhäuschen herumwirbeln. Welch lichtvolles Spiel und besonderer Glanz. Dabei streifen die kreisenden Sonnenstrahlen ihr Haupt alle paar Sekunden und Isis kann die Wärme spüren, die von den Sonnenstrahlen ausströmt. Einige Sekunden verweilt sie noch in diesem Sonnenspiel, aber dann hüpft sie ganz flink aus ihrem Bettchen. Schließlich ist es nun an der Zeit sich für den großen Tag bereit-zumachen. Sie überlegt, welches Kleidchen sie für heute überstreifen sollte. Sie wählt sich ihr grünblaues Kleid aus, das einen weißen flauschigen Unterrock hat und überall mit silbrigem Schimmer versehen ist. Der Gürtel aus Efeuranken betont ihre zarte Figur, unterstreicht dazu nochmals ihr anmutiges Aussehen. Dazu verziert sie ihr langes, goldglänzendes Haar mit einem grünen Efeublatt, überdeckt voller Glimmer.

Nun kann man sie jedoch nicht länger bremsen. So schnell kannst du gar nicht schauen, da hat sie sich schon aus ihrem Häuschen geschlichen und macht sich auf den Weg zum Sonnenfest.

Ein herrlicher Tag. Die Vögel zwitschern munter umher. Die Sonne zeigt sich in ihrer vollen Pracht und blitzt durch des Baumes Blätterdach. Die langen Sonnenstrahlen berühren den Waldboden und tanzen kreisförmig durch die Farnbüschel, die ringsherum überall wachsen.

Du musst wissen, der Farn ist eine der liebsten Pflanzen der Elfen. Elfen fühlen sich zwischen dem majestätischen Wedeln, dieser gabel blattartigen Pflanzen, die durchaus ein wenig geheimnisvoll wirken, besonders wohl.

Kein Wunder, das um klein Isis Elfenhäuschen der Farn großflächig überall anzutreffen ist. Isis liebt es auf seinen spitzen, gabelförmigen Blättern zu schaukeln, gerade auf Farnbüscheln, die besonders hoch gewachsen sind. Doch heute ist keine Zeit dafür.

Rasch schlendert sie weiter und erfreut sich am fröhlichen Vogelgezwitscher. Im Takt hüpft sie dabei von einem Bein zum anderen und summt ein Liedchen vor sich her. Eine gewisse Wärme strahlt ihr vom Waldboden aus entgegen und ein hölzerner Duft weht ihr um das Näschen. Durch die Sonnenstrahlen, die den Waldboden bedecken, duftet dieser heute besonders intensiv. Sie nimmt den frischen Geruch von Moos und Farn wahr. Isis liebt diese Gerüche über alles. Gemeinsam geben sie einen wundervollen Duftcocktail ab, der beschwingt und beflügelt.

Somit steigt die Freude für den heutigen Tag noch weiter an, was Isis dazu ermuntert, den Rest des Weges nicht weiterzulaufen, sondern Zum Fest zu fliegen. Ab geht es also in die Lüfte und schon bald kann sie aus der Ferne die Elfenwiese sehen. Wie ein magisches Licht wirkt die Wiese aus der Ferne auf sie.

Dadurch, dass der gesamte Wald von den Sonnenstrahlen durchflutet wird, glitzert die Elfenwiese durch die Bäume schwebend mit dem Blick von oben so bezaubernd. Es sieht wie ein energievoller Lichtblitz inmitten des Waldes aus.

Isis erfreut sich daran und eilt nun schnell zur Waldwiese. Dort angekommen schreitet sie mit schwebenden Schritten auf die Mitte der Lichtung zu. Es hat gerade den Anschein, dass sie, obwohl sie sich doch so beeilt hat, nun als Letzte dort ankommt. Alle sind bereits schon versammelt und haben wohl nur noch auf sie gewartet. Inmitten der Wiese wurde ein extra großer Steinkreis aufgebaut. Um ihn herum haben alle bereits Platz genommen. Inmitten des Steinkreises ist ein hoher Thron.

Dort soll heute die höchste von allen Elfen, die Elfenkönigin Almeda, Platz nehmen. Sie regiert über das gesamte Elfenreich und reist stets zum Sonnenfest von weit her an. Die Elfenkönigin ist eine enge Freundin von Isis, weshalb es nicht verwunderlich ist, dass die Elfenkönigin auf klein Isis zukommt. Mit einem Lächeln im Gesicht nimmt sie klein Isis an ihre

Hand. Beide strahlen sich mit funkelnden Augen an. Ihre Blicke treffen sich. Da unsere Isis die höchste aller Lichtelfen des Waldes ist, entsteht in dieser Sekunde ein ganz besonders magisch, energievoller Moment. Wer nun achtsam schaut, kann kleine Energieherzen in Regenbogenfarben in den Himmel aufsteigen sehen.

Das ist nur aus einem Grund möglich, da die Lichtelfen hoch entwickelt sind und in reiner Liebe schwingen. So entsteht bei der Begegnung solcher Wesen eine ganz besondere Energieverbindung. Unsere Isis schwingt engelsgleich auf höchster, lichtvollster Energiestufe, was eigentlich nur einer Elfenkönigin möglich ist. Somit ist es nicht verwunderlich, wenn diese beiden Elfen sich begegnen, eine Symbiose von reiner Liebe um sie herum schwingt. Die Energie wird in diesem Moment im Elfenwald derart angehoben, sodass alle mit dem Gefühl der unendlich bedingungslosen Liebe eingebunden werden und die Freude sowie Liebe in ihren Herzen spüren können.

Die Elfenkönigin Almeda und Isis begeben sich nun gemeinsam in die Mitte des Steinkreises. Dabei erschallt Harfenmusik auf der mit Sonnenstrahlen lichtdurchfluteten Elfenwiese. Alle sind voller Herzens-freude. Die Elfenkönigin nimmt ihren Platz auf dem Steinkreisthron ein und klein Isis gesellt sich daneben. Sogleich kommen die Blumenelfen angeflogen. Sie umkreisen die beiden mit zauberhaft, herzförmigen, bunten Blüten von den herrlichen Waldblumen. Eine Zeremonie, die den Beginn des Sonnenfestes einleitet.

Nach einer kleinen Rede der Elfenkönigin an das Volk der Elfen des Waldes beginnen die Feierlichkeiten. Ein glücklicher Tag im Elfenwald. Alle singen und tanzen und erfreuen sich daran, an diesem Tag gemeinsam den Abschied des Sommers zu feiern. Im Herzen voller Dankbarkeit und Wertschätzung über all das, was sie übers Jahr im Elfenwald als Gaben geschenkt bekommen haben.

Mögest auch du so glücklich sein im Herzen wie meine Elfe Isis an diesem Sonnenfest.

HERBST IM ELFENWALD

Der Herbst hat im Elfenwald eingeläutet und klein Isis macht es sich inzwischen in ihrem Elfenhäuschen, tief unter den Baumwurzeln, gemütlich. Der märchenhafte Flair des Elfenwaldes verliert langsam seinen Zauber. Die Stunden, an denen ab und zu die Sonne zwischen den Bäumen durch die Blätter erstrahlt, werden zunehmend weniger. Nur noch an drei bis vier Tagen in der Woche, wenn klein Isis Glück hat, für zwei bis drei Stunden, erhellt ihr Lichtstrahl den moosbedeckten Waldboden. So nutzt sie die Zeit, um sich nun mehr auf ihre Behausung zu konzentrieren. Sie macht ihr Elfenhäuschen schön gemütlich für den kalten Winter. Vorräte müssen dazu noch angesammelt werden und kleine Reparaturen vorgenommen. An manchen Tagen verlässt sie daher kaum ihre Behausung und kommt immer seltener ans Tageslicht. Doch für heute hat sie genug von den Aufräumarbeiten. Sie öffnet Fenster und Tür von ihrem Elfenhäuschen. Schließlich muss alles auch mal gut durch gelüftet werden. Dabei steigt ihr ein herrlicher Duft ins Näschen. Neugierig wie sie eben ist, streckt sie ihr Köpfchen aus dem Elfenhäuschen und erfreut sich an den leuchtenden Sonnenstrahlen, die sie erblickt. Die Sonnenstrahlen kitzeln wie Pünktchen auf ihrem Näschen. Welch ein schöner, sonniger Herbsttag heute. So schnell habt ihr nicht geschaut, da ist sie auch schon aus ihrem Unterschlupf nach oben geschwebt, um sich an diesem fabelhaften, angenehm warm anfühlenden Herbsttag auf einen Streifzug durch ihren Elfenwald zu begeben.

Der Elfenwald sieht um diese Jahreszeit sehr bunt aus. Überall ist der Waldboden bedeckt mit roten, orangen und gelbfarbigen Blättern. Klein Isis hat großen Spaß daran, die Blätter wild durcheinander zu wirbeln. Immer wieder schwebt sie wie ein Wirbelwind um die einzelnen Laubhaufen herum, stupst diese dabei mit ihren Füßchen an. Mit jedem Stupser flattern die Blätter wild in die Höhe. Das sieht so lustig aus. Im Takt summt sie ein Liedchen dazu. Ihre Stimme ist fein wie der Schlag eines Schmetterlingsflügels. Vor lauter Freude muss sie dabei zwischendurch immer wieder laut kichern.

Ihr Kichern ist mittlerweile im ganzen Elfenwald zu hören und lockt den einen oder anderen Waldbewohner an. Auch die Bäume ringsherum erfreuen sich an den sanften Tönen von Isis.

Ihr müsst wissen, dass Bäume nicht einfach nur Bäume sind, die da hochgewachsen und fest verwurzelt im Wald herumstehen, als Schattenspender dienen und für manche Tiere ein Platz zum Schlafen bieten, sondern auch in ihnen klopft ein Herz und eine Seele. Bäume tragen Leben in sich, sie sind beseelt sozusagen. Somit erklärt sich, warum auch Bäume krank werden können und sterben. Denn so wie wir Menschen eine Seele haben und einen für Krankheiten anfälligen Körper, so hat der Baum ebenso seine Lebensform sowie einen Seelenkern. Dadurch kann auch ein Baum absterben oder eine Krankheit erleiden. So spricht man davon, dass in jedem Baum ein Geist wohnt. So habt ihr sicherlich schon das Wort *Baumgeist* in euren Ohren klingen gehört. Ein Baumgeist ist der Geist eines Baumes. Man sagt auch, Baumgeist ist das Bewusstsein eines Baumes. In der Mythologie spricht man sogar davon, Baumgeister sind Wesenheiten in den Bäumen.

Und da komme ich wieder auf die keltische Kultur zurück. Gerade während der Keltenzeit war die Verehrung von Baumgeistern wichtig. Heiligtümer der Kelten waren oft in der Natur an großen Bäumen zu finden. Die Verehrung der Bäume gab es jedoch noch in vielen anderen Kulturen. Auch den Waldelfen sind die Bäume heilig. Sie stehen in engem Kontakt mit den Baumgeistern.

Baumgeister sind für die Elfen sogenannte Lichtwesen, die sich in einem Baum niederlassen. Insbesondere in älteren Bäumen. Alte Bäume sind dadurch von einem mystischen Zauber umgeben. Im Kern dieser Bäume ist der Spirit, der sich in sanften, spiralförmigen Wellen um den Baumstamm herum nach außen ausbreitet.

Kein Wunder, dass unsere Isis die dicke alte Eiche, inmitten ihres Elfenwaldes, über alles liebt und sich zu diesem Baum hingezogen fühlt.

Bäume können ein Alter von mehreren 100 Jahren erreichen. Der Unterschied zu uns Menschen ist von daher, dass diese eine wesentlich höhere Lebenserwartung haben.

Jeder Baum hat eine andere spezielle Form der Ausstrahlung. Energie strahlt von ihm aus. Man sagt, dass die Bäume auch eine Aura haben, ein Energiefeld, was über die Krone des Baumes hinaus strahlt. Bäume dienen als Heiler des Waldes und soweit man dem Glauben schenken kann verfügen sie demnach über Heilkräfte.

So kann es durchaus sein, dass du dich bei einem Waldspaziergang intuitiv von einem Baum angezogen fühlst. Nicht nur, weil dich der Baumgeist ruft, sondern vielmehr, weil es vielleicht gerade seine Energie ist, die du jetzt im Moment für deinen Geist und Körper brauchst. Bist du kraft und energielos? Fühlst dich schlapp und matt, bist oftmals müde? Hast dein inneres Gleichgewicht verloren?

Dann probier es für dich einmal aus. Wenn es sich so verhält, dass ein Baum dich ruft während du an ihm vorbeigehst, umarme ihn doch einfach mal und empfange dabei seine Kraft und Stärke. Du kannst dabei nichts verlieren, sondern viel an Erfahrung gewinnen. Dir zugleich noch etwas Gutes tun.

All die vielen Bäume, die entlang des Wegesrandes stehen, was glaubst du, welch enormes Wissen in ihnen schlummert. Sie stehen da vielleicht schon viele Jahre und so viele Menschen sind all die Jahre bereits an ihnen vorbeigegangen. All das Wissen über diese Menschen ist in ihnen gespeichert. So könnten sie dir sicherlich viel berichten. Wer sich näher mit Bäumen beschäftigt und offen ist für ihre Energie, der kann sich sicher viel von ihnen erzählen lassen.

Klein Isis kommuniziert oft mit ihnen und erfreut sich an all den Geschichten, die ihr die Bäume über die Menschen erzählen. Am liebsten jedoch sitzt sie hoch oben auf ihrem Lieblingsbaum. Der dicken, über 100 Jahre, knorrigen, alten Eiche, inmitten des Elfenwaldes. Munter plaudert sie stundenlang von Herzen mit diesem prachtvollen Baum. Dabei verliert sie vor lauter Aufregung und Spannung ganz das Zeitgefühl. So sitzt sie oftmals immer noch in des Baumes Spitze, bis der Mond am Himmel anfängt zu leuchten.

Bäume sind stille Beobachter des Waldes und tragen ähnliche Eigenschaften einer Elfe in sich. Sie haben über all die Jahre gelernt am Gang eines Menschen den Charakter zu erkennen. Anhand ihrer Bewegung können sie abzuleiten, wie es um ihren Gemütszustand steht. Auch lauschen sie den Gesprächen der Menschen zu, was sie sich alles zu erzählen haben, bei ihren Spaziergängen. All dies bleibt den Bäumen nicht verborgen. So ist es nicht verwunderlich, dass unser Elfchen Isis nicht nur lustige und interessante Geschichten zu hören bekommt, sondern auch mal traurige.

So langsam neigt sich der Tag zu Ende. Allmählich beginnt es dunkel zu werden im Elfenwald. Isis hat jegliches Zeitgefühl verloren. Sieht man sie tatsächlich immer noch um ihre Eiche herum tollen, wie sie so anmutig in den Laubblättern mit Luftsprüngen tanzt. Dabei pfeift sie die schönsten Melodien vor sich her.

Die alte Eiche hat sich das übermütige, lebhafte Umherwirbeln von unserer Isis nun lange genug mit angeschaut. So sehr sie sich auch dafür begeistert und an den summenden Liedchen von Isis Freude hat, wird es ihr auf einmal ganz mulmig. Fängt es doch plötzlich an in ihrem unteren Baumkern zu vibrieren. Das ist gar kein gutes Zeichen. Schnell muss gehandelt werden. Nicht das unserem Elfchen gleich schwindelig wird oder es am Ende gar noch umfällt. So beginnt die Eiche sich laut zu räuspern. Bewegt dabei ihre dicken, alten Arme.

Ja, du hast völlig richtig gelesen. Ein Baum hat Arme. Die Äste des Baumes sind seine Arme!

Du kannst es dir als ein heulendes, fast gruseligem, Quietschen vorstellen. So, als wenn jemand in schiefen Tönen Geige spielt.

Isis wird aus ihren Luftspielchen aufgeschreckt. Schnell blickt sie zur Eiche empor. Im selben Moment bewegt sich ein Arm des Baumes, verbeugend nach unten zur ihr. Eine Aufforderung für klein Isis, darauf Platz zu nehmen. Sogleich schwingt sie sich auf ihn und macht es sich in der mittleren Biegung des Astes gemütlich. Wie sie da nun, wie in einer Hängematte liegend, ihren Platz gefunden hat, richtet sich der Baum wieder nach oben aus. Dann beginnt er klein Isis Geschichten zu erzählen. Die Zeit fliegt nur so dahin. Inzwischen ist der Mond bereits hell leuchtend über dem Elfenwald zu sehen. Jedoch trotz der herbstlichen Jahreszeit lässt der Mondschein das Elfenreich in einem funkelten und glitzernden Schein erstrahlen. So langsam wird unsere Isis müde. Da um diese Jahreszeit die Nächte bereits zu kühl sind, um draußen zu schlafen, verabschiedet sie sich, um in ihr Elfenhäuschen zurückzukehren. Schon halb schlafend fällt sie in ihr kleines Bettchen. Sofort fallen die Augen auch schon zu und klein Isis träumt von all dem, was ihr Freund, der Baumgeist des Eichenbaumes, so alles erzählt hatte.

Nun hat sie heute ihren Elfenwald vor lauter Herumwirbeln und Spielen mit den Blättern gar nicht erkundet und konnte auch keine Vorräte für die Winterzeit einsammeln. Aber morgen, wenn der neue Tag anbricht, ist ja auch noch Zeit dafür.

Jahreswechsel im Elfenwald

Winterzeit im Elfenwald. Die Elfen haben sich schon lange in ihre Elfenbehausungen zurückgezogen, um es sich dort über den Winter gemütlich zu machen.

So auch unsere Lichtelfe Isis!

So wirst du sie in den Wintermonaten, bei einem Streifzug durch den Wald, nicht antreffen. Die Kälte mögen diese zarten Wesen überhaupt nicht. Mit ihren dünnen Kleidchen, dem fast unsichtbaren Gewand, ist es viel zu frostig für sie. Vor allem haben sie ja auch keine Schuhe an. Dieser leicht bedeckte, zierliche, lichtvolle Körper, den nicht jedermann wahrnehmen kann, mit seinen bloßen Augen, verträgt keine Kälte. Der Energiefluss von den Elfen wird bei Kälte gestört. Somit ziehen sich diese Wesen im Winter immer in ihre Häuschen zurück, um sich auszuruhen. Auch um neue Kraft und Energie für das kommende Jahr zu tanken, bis der Frühling dann wieder anbricht. Viele Stunden werden sie über den Jahreswechsel mit Meditationen und viel Schlaf verbringen. Sei dir gewiss, dass mit dem Frühling und dem ersten Tau im

Elfenwald die Elfen aus ihrem Winterschlaf wieder erwachen. Voller Schwung und Tatendrang dann in der Natur erneut ihre unendliche Liebe verteilen. Bis dahin ruht jedoch alles im Elfenwald.

So sollte es normalerweise auch sein. Doch weiß man in diesem Jahr schon fast gar nicht mehr, was draußen los ist mit der Natur. Isis kommt ganz durcheinander. Dieses rauf und runter, mal warm mal kalt, gefällt ihr überhaupt nicht. Sie findet zurzeit einfach keine Ruhe in ihrem Elfenhäuschen. Viel zu warm fühlt es sich dort, für diese Jahreszeit, an. So muss sie fast täglich aus ihrem Häuschen schlüpfen, um nachzusehen, was draußen mit der Natur in ihrem Wald geschieht. Man könnte fast meinen, dass der Sommer im Elfenwald zurückgekehrt ist. So hat es jedenfalls den Anschein für unsere Isis, als sie soeben wieder einmal ihr Köpfchen aus ihrem Elfenhäuschen reckt. Es herrscht traumhafter Sonnenschein und angenehm warm. Ihr Thermometer an der Tür zeigt 22 Grad an, man glaubt es kaum. Die Sonne leuchtet in lichtvollen Strahlen durch die kahlen Bäume. Auch, wenn der grüne Flair des Sommers fehlt, ist es ein prachtvolles Farbenspiel, wie die Sonnenstrahlen da so schillernd um ihr Elfenhäuschen tanzen.

Wenn es nach unserem Elfchen ging, dann dürfte es keinen Winter geben im Elfenwald, denn unsere Isis liebt den Sommer und die Frühlingszeit nur all zu sehr. Das ganze Jahr über dürfte es nur diese beiden Jahreszeiten geben.

Inzwischen hat Isis ihr Häuschen verlassen und sich barfüßig vor ihre kleine Eingangstür gestellt. Der Boden fühlt sich trotz der Jahreszeit recht warm an. Kein Wunder, schließlich haben wir 22 Grad und die Sonne strahlt sehr brennend auf den Waldboden ein. Es gibt kein Schutz mehr von den Bäumen, da all das Laub ja schon lange abgefallen ist. Doch plötzlich schreckt sie hoch. Der ganze Boden unter ihren Füßen ist auf einmal erschüttert. Bald darauf rumpelt es noch aus der Ferne. Oh, was ist denn heute hier los im Elfenwald. Die Geräusche werden immer lauter und nähern sich. Isis schwebt zur Hälfte hinauf auf ihren Baum. Sie nimmt Platz auf einem dicken Ast, an dem noch einige restliche Blätter hängen geblieben sind. So erblickt sie Forstfahrzeuge, die über den Waldwegen rollen und sich immer näher in Richtung ihrer Behausung bewegen. Ein wenig mulmig wird ihr schon dabei. Nicht, dass am Ende die großen Fahrzeuge noch gegen ihren Baum stoßen. Aber sie hat Glück. Schon bald kommen die Forstfahrzeuge zum Stillstand. Einige Männer steigen aus und halten Motorsägen in ihren Händen. Sie verteilen sich jeweils im Umkreis von einigen Metern und beginnen mit den Motorsägen die Bäume zu roden. Inzwischen ist der ganze Wald in Aufruhr. Alle Waldbewohner, besonders die Tiere, sind verängstigt und erschrocken. Ihre Freunde, die Rehe und Waldmäuschen haben sich versteckt.

Elfen mögen es gar nicht, wenn die Menschen in die Natur eingreifen und anfangen diese zu zerstören. Denn Bäume dienen nicht nur dem Schutz des Waldes, sondern entfalten ihre Energie breitgefächert über das ganze Gebiet, in dem sie verwurzelt sind. Nicht umsonst sagt man, Bäume haben eine heilende Energie für Mensch und Tier. Der Wald, die Natur in ihrer Ganzheit, hat ungeahnte Heilkräfte. Nicht nur das die Waldatmosphäre nachhaltig beruhigt und ent-spannt. Zudem wirkt die Waldluft auch schützend und stärkend auf unseren Körper. Durch das Einatmen der frischen Aromen von den Nadelbäumen und anderen intensiven Düften des Waldes, die in unsere Nase einströmen. Einem ausgedehnten Spaziergang sagt man nach, er würde das Herz Kreislaufsystem positiv beeinflussen. Somit heißt es nicht umsonst, der Wald, die Bäume sind Heiler und Freund des Menschen.

Isis entscheidet sich trotz der Unruhen einen Streifzug durch ihr Waldgebiet zu machen. Sie zieht sich ihr braun schimmerndes Kleidchen über. Die Farbe Braun ist eine schöne Tarnfarbe für die jetzige Winterzeit, wo nichts mehr grünt. So kann sie sich gut an den verschiedensten Stellen anlehnen und die Waldarbeiter beobachten. Sie macht sich nämlich große Sorgen um ihre Freunde. Schließlich soll keiner zu Schaden kommen, wenn die Bäume gleich umfallen werden. Vorsichtig versucht sie ihre Blicke, gleichzeitig blitzschnell, überall rundum zu verteilen. So kann sie auch sehen, ob sich keiner ihrer Freunde in der Nähe der Arbeiten versteckt hat.

Elfen haben auch die Gabe über bestimmte Geräusche Töne zu übermitteln, die von den Waldtieren verstanden werden, sodass diese gewarnt sind und wissen was nun zu tun ist.

Nachdem Isis alles überflogen hat verspürt sie das Gefühl, dass all ihre Freunde in Sicherheit sind und sich nicht im Arbeitsfeld der Waldarbeiter befinden. Sie kann beruhigt die Forstarbeiter ihre Arbeit machen lassen. Im Notfall hätte sie eingegriffen, denn Elfen sind durchaus in der Lage manche Katastrophen mit ihrer Zauberkraft zu verhindern. Doch heute ist das nicht erforderlich.

Jetzt macht sie sich bei diesem herrlichen Sonnenschein auf den Weg zum idyllischen Waldsee. Dieser ist weit entfernt von den Waldarbeiten und dort ist es schön ruhig und leise. Isis liebt es, den Waldsee aufzusuchen. Sie kann stundenlang am Ufer des Sees sitzen und vor sich hin träumen.

Gerade heute, wo die Sonne wieder so schön hell scheint, spiegeln sich die Sonnenstrahlen tanzend auf dem Wasser. Alles funkelt und blitzt. In kreisenden Bewegungen drehen sich die Sonnenstrahlen über dem Wasserspiegel vom Waldsee. Von weitem hat es den Anblick, als ob kleine Lichtfunken in den Horizont aufsteigen.

Isis, am Ufer des Sees sitzend, streckt ihre Fußspitzen hinein. Sie zieht im Takt mit den Sonnenstrahlen ebenso Kreise. Großen Spaß hat sie daran. Sie genießt die Stille und Ruhe des Waldes an diesem Ort und beginnt ein wenig zu meditieren. Sie schließt dazu ihre Augen. Atmet dann ganz ruhig und tief durch. So kommt sie leicht in einen unbeschwerten, schwebenden Trancezustand, der Isis alles um sich herum vergessen lässt. Eine ganze Weile verbleibt sie so in diesem fast schläfrigen Zustand und die Stunden verfliegen im Nu. Aufgeweckt wird sie durch kitzelnde Berührungen an ihrem Körper. Sie öffnet die Augen. Sehr erstaunt traut sie sich kaum auszusprechen, was sie da wahrnimmt. Schneeflocken wirbeln auf einmal in der Luft herum. Sanft, aber auch kühl lassen diese sich auf ihren Armen und Beinchen nieder. Gerade eben noch so herrlicher Sonnenschein und jetzt schneit es im Elfenwald. Was für ein verrückter Tag heute. Schnell macht sie sich auf den Weg zurück in ihr Elfenhäuschen, denn unter all den Schnellflocken wird ihr ziemlich kalt. Außerdem beginnt es auch langsam dunkel zu werden im Elfenwald.

Jedoch gemütlich zurücklehnen in ihren Sessel und zum Aufwärmen einen köstlichen Beeren-Tee trinken, damit muss Isis leider noch einen Augenblick warten. Hat sie doch vergessen ihre Tür vom Elfenhäuschen zu verschließen. So konnten einige Schneeflocken direkt in ihr Stübchen schneien. Mit ihrem kleinen Besen aus Birkenreiser, werden die weißen Flöckchen nun erst schnell nach draußen gefegt.

Isis bindet sich jedes Jahr von Neuen aus Birkenreiser einen kleinen Besen, bevor der Winter einbricht. Dieser dient dem Zweck, dass sie damit zu Beginn des Frühlings ihr Elfenhäuschen reinigt und all das Alte hinaus fegt. Die Birkenreiser zusammengebunden zu einem Besen und damit das Haus ausgefegt, sagt man nach: „Der Geist des alten Jahres wird aus dem Haus getrieben, sodass das neue Jahr in Licht und Reinheit voll erstrahlen kann." Ein alter Brauch, den du gerne auch mal für dich ausprobieren kannst.

Bei den Kelten galt die Birke als Baum des Beginns und des Aufbruchs zu einer blühenderen Zukunft. Die weiß, silbrig schimmernde Rinde macht die Birke zum Baum des Lichtes. Wer also an die Mythologie der Kelten glaubt, dem wünsche ich viel Freude daran den Brauch fortzuführen. Am kraftvollsten ist es natürlich, wenn du die Birkenreiser selbst sammelst und dir deinen eigenen Besen bindest.

Birken können durchaus auch Heilbringer für uns Menschen sein. Als Heilpflanze wurde die Birke in

Form von Tee in der Keltenzeit oftmals verwendet. So reinigen und beleben 2-3 Tassen Birkenblättertee den Körper. Eine Birkenkur holt den Körper im Frühjahr aus dem Winterschlaf zurück. Der Birkensaft im Frühjahr gewonnen bewirkt innere Reinigung und hat einen positiven Einfluss auf Blase und Niere.

Zum Glück hatte Isis ihren Besen aus Birkenreiser schon fertig gebunden in ihrem Häuschen stehen. So konnte sie schnell den Schnee hinausfegen und es sich danach endlich gemütlich machen. Mit einer kräftigen Stärkung aus dem blumig, köstlichen Beeren-Tee und etwas Honig dazu lässt sie sich nieder in ihrem gemütlichen Sessel. Langsam wird sie von dem überaus aufregenden Tag sehr müde. Halb schläfrig schlüpft sie nun in ihr Bettchen, wo sie gleich in einen tiefen Schlaf voller Träume fällt.

Da wir uns im Elfenwald bereits in der Winterzeit befinden, es nur noch wenige Tage sind, bis ein neues Jahr beginnt, wird dieser Schlaf, in dem sich unsere Isis nun befindet, ein längerer sein.

Ich habe dich bereits wissen lassen, Elfen verfallen in einen Winterschlaf um Kraft und Energie für das neue Jahr zu tanken. Wenn der Frühling im Elfenwald wieder anbricht, kommen sie nach und nach aus ihren Häuschen hervor. Sei dir dessen gewiss, auch unsere Isis.

So heißt es nun Abschied nehmen bis hin zum nächsten Frühling!

Sein Antlitz erstrahlt in vollem
Licht, das ist der Wicht,

der kommt Dir jetzt auf die
Schlich.

ELFENBOTSCHAFTEN

WIE DU DIE BOTSCHAFTEN FÜR DICH ANWENDEST

Die Botschaften der Elfen mögen dir Erkenntnisse und Impulse vermitteln auf Deinem Lebensweg, sowie eine Unterstützung in deiner momentanen Lebenssituation. Erhalte Antworten auf Fragen. Bedenke allerdings, die Botschaften der Elfen sind manchmal ein wenig verschleiert zu verstehen, sodass du den Text zunächst einen Augenblick auf dich wirken lassen solltest. Das bedeutet in Ruhe darüber nachdenken, erst danach nochmals lesen. Die Elfen geben dir Impulse und Anregungen. Die Entscheidung, ob du die Botschaft so annimmst und für dich integrierst im Leben, ist deine eigene Entscheidung.

Um die Botschaften praktisch anzuwenden, suche dir einen ruhigen Ort, an dem du eine Weile nicht gestört wirst. Zu diesem Buch gibt es auch ein passendes Kartendeck.

Wenn du nur im Besitz dieses Buches bist, dann setzte oder lege dich bequem hin, schließe Deine Augen und atme dreimal tief ein und aus. Atme ruhig und gleichmäßig, bis du dich ganz entspannt fühlst und dein Atem im leichten Fluss durch deinen Körper schwingt. Formuliere deine Frage, aus deinem tiefen

Inneren heraus, so klar wie möglich. Denke im Anschluss an eine Zahl zwischen 1 und 36. Lausche einen Augenblick welche Zahl dir dabei in den Sinn kommt. Öffne deine Augen wieder. Im Inhaltsverzeichnis kannst du nun unter den aufgelisteten Elfenbotschaften nach der Botschaft Deiner Zahl suchen. Lese dir diese Botschaft unter der aufgeführten Seite durch. Ruhig auch mehrmals. Sie wird dir ein Geleit sein und Erkenntnis bringen.

Du kannst jedoch ebenso einfach eine Seite intuitiv im Buch aufschlagen, nachdem du dir deine Frage klar verinnerlicht hast. Wenn du dich ganz entspannt fühlst und deine Frage klar formuliert hast, schlage intuitiv eine Seite von den Elfenbotschaften des Buches auf. Empfange auf diesem Weg deine Botschaft, die dir gegeben wird, indem du die Seite liest. Sie wird dir Erkenntnis bringen und ein Geleit für die nächsten Wochen sein.

Hinweis: *Die jeweilige Botschaft, die dir gegeben wird, stimmt mit der energetischen Schwingung deiner Frage oder deines Gedankenmusters überein.*

Bist du im Besitz meines Kartendecks, zu den hier aufgeführten Elfenbotschaften, dann benutze die Karten, um Deine Botschaft zu erhalten. Setze dich dazu bequem hin und atme dreimal tief ein und aus. Breite im Anschluss die Karten, wie ein Fächer verdeckt von rechts nach links, vor dir aus. Werfe zunächst einen tiefen, langen Blick auf die vor dir liegenden Karten. Schließe dann deine Augen. Atme ruhig und gleichmäßig ein und aus. Verweile noch einen Augenblick in diesem Fluss und öffne wieder deine Augen. Ziehe nun ganz intuitiv eine der dir vorliegenden Karten. Du kannst auch deine linke Hand darüber gleiten lassen. Wenn du ein pulsierendes Gefühl wahrnimmst, diese Karte auswählen. In diesem Buch findest du die entsprechende Beschreibung für diese Karte. Empfange so deine Botschaft. Die Elfen geben dir auf diesem Weg Impulse und Wegweiser, die jetzt in deiner momentanen Lebenssituation für dich wichtig sein können. Sie stimmt mit der energetischen Schwingung deiner Frage oder Gedankenmusters überein.

Du kannst jederzeit eine Elfenbotschaft für dich aus diesem Buch, auf die beschriebene Art und Weise, nachschlagen oder eine Karte ziehen. Für Impulse und Hinweise an welchem Punkt des Lebens du gerade stehst, was in deiner jetzigen Lebenssituation gerade wichtig für dich sein könnte, was die Elfen dir für die nächsten Wochen mit auf den Weg als Lebenshilfe geben möchten. Mögen diese ein lichtvoller Wegweiser und Unterstützung für dich sein. Zu jeder Botschaft findest du den Ort, an dem diese empfangen wurde, als Farbbild.

Bedenke, deinen Weg und die Entscheidungen die du triffst, kann dir niemand abnehmen. Du allein bist für dich verantwortlich und der Jongleur deines Lebens.

So wünsche ich dir viel Freude und hilfreiche Seelenimpulse mit meinen Botschaften aus diesem Buch oder aber auch beim Arbeiten mit meinem Kartenset.

1. TORE ÖFFNEN SICH FÜR DICH

Wenn Du hier hindurch trittst liebes Kind, betrittst Du den Raum in eine neue Welt.

Alle Türen und Tore stehen Dir offen. Es wird sich Dir vieles offenbaren. Auf all Deine Fragen wirst Du Antworten finden. Geh den Weg mit Mut und Zuversicht.

Glaube an Dich selbst. Alles wird sich zum Positiven für Dich wenden. Alle Türen stehen Dir offen. Es ist quasi wie eine Neugeburt, die Dir nun bevorsteht. So geh dahin des Weges, liebes Kind, voller Zuversicht und Vertrauen und sei Dir bewusst, alles wird Dir gelingen auf Deinem neuen Weg.

2. RUHE IN DIR

Es ist an der Zeit, sich auszuruhen, eine Pause einzulegen, sich zu entspannen. Du hast Dich ein wenig überarbeitet und Dir zu viel zugemutet. Vor allen Dingen möchtest Du alles auf einmal und alles muss ganz schnell gehen. In der Natur geht jedoch alles langsam seinen Weg. So wie es die Jahreszeiten gibt, so solltest auch Du Deinen innerlichen Rhythmus ein wenig verändern. Geh achtsam mit Dir selbst um, achte auf die Zeichen, die Dir werden gegeben. Es ist an der Zeit, eine Pause einzulegen und die Dinge nicht zu forcieren. Alles kommt zur rechten Zeit am rechten Ort. Und wenn es Dir jetzt noch nicht gelingen wird, so ist es im Moment nicht Dein Weg, sagen die Elfen. Vertraue auf Dich, gönne Dir Ruhe, lege Dich nieder, meditiere und finde Antworten auf all Deine Fragen.

3. DEIN INNERES LICHT WIRD HELL ERLEUCHTEN

Alles wandelt sich. Was Du bisher erlebt hast, hatte seinen Sinn und Du kannst auf Deine Erfahrungen und Deine erworbenen Erkenntnisse in Zukunft aufbauen.
Jetzt wird es Zeit, endlich aus dem Kokon zu schlüpfen. Wie ein Schmetterling, der sich entpuppt, und seine wahre Kraft entfaltet, so wirst auch Du Dein inneres Licht zum Leuchten bringen und in Deine wahre Kraft eindringen.

Alles kommt in Fluss. Du wirst Deinen Schutzpanzer, den Du um Dich herum aufgebaut hast, ablegen können und endlich zum wahren Kern Deines Seins durchstoßen. Du hast Dich viel zu lange zurückgehalten. Du bist nun aufgefordert, die Dinge in Angriff zu nehmen und umzusetzen. Die Zeit des Grübelns und des Versteckens ist nun vorbei. Das Alte kannst Du abstreifen und hinter Dir lassen. Klebe nicht weiterhin an der Vergangenheit fest. Du wirst in eine Zeit der Neugeburt geleitet. Achte auf die Zeichen, die Dir gegeben werden. Dein Herz weiß schon den rechten Weg und was stimmig für Dich ist. Klarheit findest Du in Dir, wenn Du achtsam lauschst. In der Stille offenbart sich Dir Dein Weg ganz deutlich. Hab Mut und Vertrauen, der Weg der Transformation hat in Dir bereits begonnen. Du musst es nur noch laut aussprechen:

Ich bin bereit für das Neue.

Ich bin ein wertvoller Mensch.

Erleuchtung wird mir offenbart, und ich bringe mein inneres Licht zum Leuchten.

4. AUSWEITEN UND AUSBREITEN

Die Birke hilft Dir in Deinem Leben aufzuräumen, alles wegzukehren, was keinen Platz mehr in Deinem Leben hat, was nicht mehr zu Dir passt.

Auch negative Emotionen und Gedankenmuster verhilft Sie Dir von nun an beiseite zu räumen, um eine positive Lebenseinstellung zu gewinnen, dass Du wieder an Dich glaubst. Dir bewusst wirst, dass Du alles erreichen kannst in Deinem Leben. Wunder sind durchaus möglich, Du musst nur an Dich glauben, darfst nicht mehr zurückblicken und stets mit positiven Gedanken und einem Lächeln Deinen Weg nun kontinuierlich durchs Leben schreiten.

So erhältst Du vollstes Wachstum und vollste Entfaltung im Leben. Kannst Dich ausweiten und ausbreiten und wirst mit beiden Beinen fest am Boden stehen um Deinen Weg von nun an mit positiven Gedanken vorwärtsschreiten zu können.

5. Es gibt nichts zu bereuen

Es gibt nichts, was Du bereuen müsstest, liebes Kind. Geh dahin Deines Weges voller Zuversicht. Du wirst geleitet in einen neuen Zyklus, wo Du am Ende des Weges aus Dir heraus wachsen wirst und Deine volle Kraft und Stärke entfalten kannst. Den Glauben an Dich selbst wieder gefunden hast und innere Stärke. Inneres Gleichgewicht Dich begleitet auf all Deinen Wegen im Leben.

Nichts muss Dir peinlich sein. Geh ganz kontinuierlich den Weg, den Du nun einschlagen wirst, beständig und voller Zuversicht und mit vollem Glauben an Dich selbst weiter.

Alles ist gut, so wie es ist, Du musst nur an Dich glauben!

6. KLARHEIT

So wie der Wind geschwind, so kommst auch Du vorwärts im Leben, achte auf die Zeichen, die Dir gegeben werden. Du kannst diese überall finden am Wegesrand, durch Menschen, die Dir begegnen werden, durch Gespräche, durch Zeilen, die Du liest. Alles ist möglich im Leben!

Verstrickungen werden sich auflösen. Du kommst bald mit Dir selbst in Klarheit. So wie die Blumen am Wegesrand blühen, so kommst Du in einen neuen Zyklus mit besten Entfaltungsmöglichkeiten. Also achte auf die Zeichen am Wegesrand, die Dir gegeben werden. Sie weisen Dir den Weg in eine neue Ära.

Klarheit in Dir erwacht, bei einem Traum in der Nacht.
Du wirst Deinen Weg klar vor Dir sehen, brauchst ihn nur anfangen zu gehen.

7. DAS GLÜCK KLOPFT AN DEINE TÜR

Klopf, klopf. Öffne die Türen und Tore, für Dein neues Leben. Für all das, was sich nun zum Positiven für Dich wenden wird.

Das Glück klopf an Deine Tür an, lass es hinein.
So wie die Heiligen Drei Könige die frohe Botschaft über die Geburt des Christuskinds überall verkündeten, so wirst auch Du Dich freuen können über eine positive Nachricht, über ein positives Geschehen. Verheißungsvolles wird Dir verkündet, oder Du wirst Dich endlich die Antworten finden, nach denen Du schon lange gesucht hast.
Positives Gelingen in allen Dingen und das Positive wird sich vor Dir ausbreiten. Alles nimmt nun eine glückliche Wendung in Deinem Leben. Vertraue darauf und höre auf zu grübeln. Denn das Glück klopft nun an Deine Tür an, Du musst es nur hereinlassen, liebes Kind.
Du kannst Dich darauf freuen, dass eine wundervoll fruchtbare Phase voller positiver Ereignisse Dich nun begleiten wird. Du bist auf dem richtigen Weg. Also öffne die Türen und lass es hinein in Dich fließen. Das Glück, die Freude, die Leichtigkeit, die Beschwingtheit, die Dir wird nun gegeben auf all Deinen Wegen im Leben.

8. Dein Urvertrauen erwacht

Urvertrauen ist es, was sich wieder voll und ganz in Dir entfalten wird. Es wird sich vor Dir ausweiten, sodass Du wieder in vollem Einklang mit Dir selbst durchs Leben schreiten kannst.

Blicke nicht mehr zurück, sondern öffne Dich nun für das Neue, was sich in kleinen Schritten kontinuierlich vor Dir öffnet und Dich wieder voll und ganz an Dich selbst glauben lässt. Dir Dein Urvertrauen zurückbringt und Dich voller Zuversicht im Einklang mit Dir selbst durchs Leben schreiten lässt.

9. VERTRAUE UND GLAUBE

Die Elfen lassen Dich wissen, dass Du ein Wunder des Lebens bist und Dir keine Sorgen zu machen brauchst in den nächsten Wochen. Geld wird Dir zufließen, zumindest unerwartetes und positives wird Dir gegeben. Verdränge all Deine Gedanken, die Dich zerstreuen und durcheinanderbringen.

Du hast es geschafft Dich von alten Fesseln zu befreien, loszulassen. Bist tief in Dich gegangen und kannst nun emporsteigen, wie der Phönix aus der Asche, um Deinen Weg zu gehen.

Strategisch mit Geduld und Ausdauer. Es gibt keinen Grund noch mal zurückzublicken. Die Vergangenheit ist nun vorbei, sie ist aufgearbeitet und Du kannst Dich freuen. Die Wege Dir nun offen stehen.

Greife zu, strecke Deine Arme aus und erfreue Dich Deines Seins. Die fruchtbare Phase befindet sich direkt vor Dir. Greife einfach zu.

Vertraue und Glaube!

10. Du lastest Dir zu viel auf

Du lastest Dir unnötig zu viel auf Deine Schultern. Du bist ummantelt im Schutz der Elfen. Sie wollen Dich die nächsten Wochen ein wenig mit Leichtigkeit beflügeln und Dir ein Lächeln ins Gesicht zaubern, sodass Du die Dinge nicht mehr so schwer zu tragen hast.

Diese Wochen zeigen sich für Dich ein wenig Berg und Tal mäßig. Es gibt immer mal Auf und Abs. Es werden noch einige Hürden und Tiefen überwunden werden müssen, aber dann kannst Du Dich erfreuen. Im nächsten Zyklus kommt mehr Beständigkeit und Standhaftigkeit in Dein Sein. Ängste verfliegen und es wird sich alles zum Wohle und Besten für Dich gestalten. Geh mit Vertrauen vorwärts in den nächsten Wochen, in den nächsten Zyklus.

11. ÖFFNE DEINE SINNE

Die Elfen raten Dir, sei ein stiller Beobachter in nächster Zeit. Überdenke Deine Schritte gut und öffne all Deine Sinne. Ideen und Inspirationen werden so zu Dir fließen können. Nehme die göttliche Führung an. Der Kontakt zur göttlichen Quelle ist in diesem Zyklus für Dich gegeben und höchste Unterstützung bei all Deinem Sein wird Dir zuteil.

Aus der Freude Deines Herzens heraus kannst Du kreativ werden und die Dinge umsetzen. Folge Deinen Impulsen. Mache alles, was Dir Spaß macht und lebe dies aus vollstem Herzen heraus.

In Dir steckt so viel, lebe es, lass es raus. Glaube an Dich und entfalte Dein wahres Sein. Du bist gesegnet und nicht allein. Du kommst in Deine volle Kraft.

Schreite vorwärts mit Tatendrang und probiere alles aus, was Dir so in den Sinn kommt. So wirst Du ein großes Stück zur Entfaltung Deines wahren Seins beitragen und Dein wahres ICH leben können.

12. SEELENBLICK

Du hast die Möglichkeit in die Tiefe zu schauen, um Veränderungen anzuregen. Die Elfen bitten Dich, eine Zeitlang in der Stille mit Dir selbst zu sein. Nimm Dir täglich ein paar Minuten in den nächsten Wochen und zieh Dich zurück in die Stille, um Deine eigenen Bedürfnisse wieder besser wahrnehmen zu können und mit Dir selbst in Einklang zu kommen.

So wirst Du erkennen, was Deine Seele wirklich will. Selbstwahrnehmung ist das, was derzeit im Vordergrund stehen sollte bei Dir. Diese zu stärken und so Antworten zu finden.

Du hast die Möglichkeit in die Seelentiefe einzutauchen und aus Deiner Klarheit, die Du erhältst, dann dadurch nach außen zu gehen. Innere Öffnung ist das, wozu Du nun aufgefordert bist. Es geht stark um Deine Innenwelt, die danach ruft, um tiefe innere Öffnung zu erhalten. In die eigene Mitte zu kommen. Klarheit zu erhalten. Nutze dazu Deine sensitiven, sowie intuitiven Zugänge. Sie sind in Dir. Träume Dich glücklich. Hole all Deine Träume ins Licht, bis Du entdeckst hast, wer Du wirklich bist. Durch Innenschau erkennst Du Dich selbst, und wenn Du den Glanz und das Funkeln in Dir spürst und wieder in Dir findest, dann lebst Du Dein wahres ICH.

Dein Leben wird nun hell erklingen,
Du kannst im Leben stets singen.
Elfenzauber Dir die Wahrheit und Klarheit bringt.

13. SELBSTERKENNTNIS

Eine Zeit, wo die Emotionen mehr im Vordergrund stehen ist angezeigt. Starke Gefühlswallungen rücken in den Vordergrund. Eine Phase, wo Du auf alle Einflüsse unheimlich seelisch reagieren wirst, steht Dir bevor. Das bedeutet, Dein Stimmungsbarometer schwankt zwischen himmelhoch jauchzend und zu Tode betrübt. Auch wirst Du manchmal das Gefühl haben, dass Du derzeit nichts zustande bringst. Nichts geht vorwärts. Die Elfen sagen, lass Dich nicht von Selbstzweifeln blenden und bewahre innere Ruhe und eine positive Einstellung bei all dem Gefühlschaos, sonst läufst Du Gefahr Deine innere Ausgeglichenheit zu verlieren. Das wird dann über einen längeren Zeitraum so sein. Soweit sollst Du es nicht kommen lassen, daher lass diese Schwankungen zu. Annehmen und nicht bewerten. Sie sollen Dir dabei helfen Dich selbst wieder mehr und mehr wahrzunehmen und auf Dich selbst zu konzentrieren, um zu erkennen, was Du wirklich willst im Leben. Was zu Dir passt und was nicht.

14. Du hast den Glauben verloren

Die Elfen sagen Dir, dass Dein Vertrauen verloren gegangen ist. Du vertraust Dir selber nicht mehr und glaubst nicht mehr an Dich.

Wie kannst Du da den anderen vertrauen. Das ist derzeit in der Tat schwer möglich.

Betrachte und denke an die Gesetzmäßigkeiten – wie im Inneren so im Außen. Du empfängst das, wie Du es im Inneren empfindest.

Vertraue somit erst Dir selbst, so wird auch Dein Vertrauen an die Menschen und andere Dinge wieder zu Dir zurückkehren.

Die Elfen sagen, es ist nun an der Zeit, wieder mehr und mehr ins Vertrauen mit Dir selbst zu kommen. Alle Zweifel abzulegen, sodass sich eine Zeit der Freude vor Dir ausbreiten kann und Dein Herz und Körper wieder seine volle Leuchtkraft entfalten kann.

Denn mit Vertrauen und den Glauben an Deine eigene Kraft und Stärke kannst Du viel selbstbewusster auftreten und gewinnst somit mehr Sicherheit im Leben. Deine Selbstliebe kann wachsen und Du wirst erkennen, dass die Ereignisse, die Dein Vertrauen gebrochen haben, sich nicht wiederholen müssen im Leben.

Nimm die Göttlichkeit in Dir wahr und alle Nebel schwinden, sagen die Elfen. So wirst Du Deine Probleme weitsichtiger betrachten können und erkennen, dass sich Lösungen finden. Du hast vollste Unterstützung aus Deinem wahren Potenzial heraus bei der Bewältigung und kannst Zweifel loslassen.

Die Elfen sind an Deiner Seite und unterstützen Dich dabei. Bestärke den Glauben an Dich selbst und erlange somit wieder vollstes Vertrauen in Dich und in alles um Dich herum.

15. HERZÖFFNUNG

Öffne Dein Herz für alles Schöne im Leben, für die Liebe, für Dich selbst. Deine Träume und Fantasien können Dich dabei unterstützen, wenn Du sie an die Oberfläche kommen lässt. Achte auf sie und bedenke, Du sollst Deine Träume leben, nicht träumen. Die Realisierung Deiner Träume ist näher, als Du denkst. So kommst Du in eine Zeit mit der Möglichkeit für einen Neuanfang mit kreativen Dingen, oder Du öffnest Dich für eine neue Liebe, die in Dein Leben kommen wird. Begebe Dich dazu in die Stille durch Meditation und höre auf Dein Herz. Lass Dein Herz zu Dir sprechen.

Dein Herz wird erfüllt sein mit einem zauberhaften Lächeln, sodass Du mit federleichtem Schwung durch die kommenden Wochen schwebst. Inneren Reichtum, Frohsinn und Freude, sowie innere Ausgeglichenheit erfährst.

Öffne Dein Herz. Du stehst kurz davor, etwas Wunderbares zu empfangen. Herzenswünsche können gelebt werden. Wünsche erfüllen sich. Verbindungen vertiefen sich, neue Freundschaften können geboren werden.

16. Ordnung schaffen

Es ist an der Zeit, Ordnung zu schaffen in Deinem Leben. Ordnung zu schaffen und sich zu befreien von allen Dingen, die nicht mehr zu Dir passen, die einfach nicht mehr zu Dir gehören. Sei es am Arbeitsplatz, im Freundeskreis oder zu Hause in Deiner häuslichen Umgebung. Befreie Dich von allem, was Du schon lange nicht mehr genutzt hast und so wirst Du erkennen, mit jedem Stück, von dem Du Dich erleichterst, werden sich die Tore für Dich öffnen, voller Beschwingtheit, voller Leichtigkeit. Neue Dinge werden sich Dir offenbaren. Dinge, von denen Du gar nicht mal geträumt hast, werden jetzt in Dein Leben kommen.

Du kannst Dich daran erfreuen, was alles auf Dich noch Überraschendes wartet und auf Dich zukommt.

17. Befreie Dich

Es ist an der Zeit, sich freizuschaufeln, raten Dir die Elfen. Sich zu befreien von Dingen, die nicht mehr zu einem passen, die nicht mehr zu einem gehören. Befreie Dich also von allen unnützen Dingen in Deinem Leben. Sei es in Deiner Wohnung, sei es in Deinem Freundeskreis, sei es an Deinem Arbeitsplatz. Auch von alten, verkehrten Verhaltensmustern und negativen Emotionen.

Das Neue klopft quasi schon an Deine Türe an. Du musst nur danach greifen, wenn Du gründlich aufgeräumt hast und Dich von den Dingen befreit hast, die nicht mehr zu Dir passen, so wird das Neue bei Dir Einklang finden. So gehst Du beschwingt und voller Leichtigkeit Deinen Weg und die Türen werden sich für Dich öffnen, für ganz viel Neues in Deinem Leben, woran Du im Moment noch gar nicht glaubst, woran Du überhaupt gar nicht zu hoffen gewagt hast.
Also, befreie Dich von allem und die Tore öffnen sich für Dich. Achte auf die Zeichen, die Dir gegeben werden, während der Zeit, wo Du Ordnung schaffst und Dich loslöst von all dem, was nicht mehr zu Dir gehört, was nicht zu Dir passt.

18. Ein Opfer bringen

Ein Altar. Ein Opfer ist angesagt für Dich!

Du solltest Dich von irgendetwas trennen in den nächsten sieben Wochen. Ein Opfer bringen, im wahrsten Sinne des Wortes. Vielleicht wirst Du etwas tun, was Du in Deinem Leben bisher noch nie getan hast, oder Du wirst selbstlos andere Menschen unterstützen. Die Elfen lassen es Dir frei, was Dir so in den Sinn kommt. Wobei Du eventuell vielleicht bereit bist, ein Opfer zu bringen. Wenn Du dies wahrhaft tust, im wahrsten Sinne des Wortes, dann wird sich für Dich Großes offenbaren. Großes öffnen und Du kommst einen ganzen Schritt weiter. Einen ganzen Schritt vorwärts im Leben. Unglaubliche Dinge werden sich Dir dann öffnen und sich für Dich ereignen.
Also sei bereit, ein Opfer zu bringen, sagen die Elfen, und das Glück klingelt an Deiner Tür.

19. Entscheidungen

Die Zeit ist gekommen, wo Du Dich entscheiden musst welchen Weg Du gehen wirst. Aber vertraue darauf, wenn Du Dir einmal Zeit nimmst, mit Dir in die Stille gehst, in Meditation, einmal tief ein- und ausatmest, so wirst Du erkennen, welche Entscheidung, welcher Weg für Dich der ist, der Dich in die richtige Richtung führt. Der voller Glück und Zuversicht ist, sowie erfolgversprechend sein wird.

Nehme Dir die Zeit, in Stille und Meditation mit Dir zu sein. Es besteht keine Hast und Eile, liebes Kind. Der klare Weg der Entscheidung wird sich Dir offenbaren.

Alles ist gut. Vertraue Dir, vertraue Deinen Entscheidungen. Du wirst die richtige Entscheidung treffen, lassen Dich die Elfen wissen.

20. POESIE UND HOFFNUNG

Geh voller Hoffnung und Vertrauen durchs Leben. Es hat Dir viel Freude zu geben.

Öffne Dein Herz und komme mit Dir ins Vertrauen.

Lass Dein Herz klingen und Deine Seele singen.

Schmerz und Kampf entstehen häufig dann, wenn Du an der Vergangenheit festhältst. Sei bereit, Dich nun von alten Strukturen und falschen Gedankenmustern zu lösen.

Die Farbe *Grün* hilft Dir dabei, denn sie hat eine heilende und reinigende Kraft und verhilft Dir, Dich selbst zu fühlen.

Du kannst nun alle Zweifel ablegen und voller Hoffnung und Zuversicht den nächsten Wochen entgegensehen.

So wie das Engelsbild in leichtem Schwung sich bewegt, federleicht, so wie die Elfen tanzen, so bekommst Du neuen Schwung und bewegst Dich im sanften Fluss durchs Leben.

So schwinge mit Leichtigkeit durchs Leben und vertraue. Dir wird stets das Richtige gegeben. Das Leben ist wie ein Geschenk.

21. NEUGEBURT

Alles wandelt sich. Was Du bisher erlebt hast, hatte seinen Sinn, lassen Dich die Elfen wissen. Du kannst auf diese Erfahrungen und Deine erworbenen Erkenntnisse daraus in Zukunft aufbauen. Jetzt wird es Zeit, endlich aus dem Kokon zu schlüpfen. Wie ein Schmetterling, der sich entpuppt und seine wahre Kraft entfaltet. So wirst auch Du nun zum wahren Kern Deines Seins durchstoßen. Alles kommt in Fluss für Dich. Du wirst Deinen Schutzpanzer ablegen können, den Du um Dich herum aufgebaut hast. Du hattest Dich viel zu lange versteckt und zurückgehalten. Du bist aufgefordert, nun umzusetzen und die Dinge in Angriff zu nehmen. Die Zeit des Grübelns und Versteckens ist vorbei. Das Alte kannst Du abstreifen und hinter Dir lassen. Klebe nicht weiterhin an der Vergangenheit fest. Du wirst in eine Zeit der Neugeburt geleitet. Achte auf die Zeichen, die Dir gegeben werden. Vertraue, Dein Herz weiß schon den rechten Weg. Welchen Du einschlagen darfst, und was stimmig für Dich ist. Klarheit findest Du in Dir, wenn Du achtsam lauschst. In der Stille offenbart sich Dir Dein Weg ganz deutlich.

Habe Mut und Vertrauen, der Weg der Transformation hat in Dir bereits begonnen. Du musst es nur noch laut aussprechen:

Ich bin bereit für das NEUE in meinem Leben!

22. Du drehst Dich im Kreis

Du drehst Dich im Kreis, hast Dich irgendwie festgefahren und findest im Moment nicht den Ausweg.
Wie man so schön sagt, vor lauter Wald findet man die Bäume nicht.

Aber vertraue darauf, dieses Gedankenkarussell, dieses Kreisen, diese Entscheidungsschwierigkeiten, dieses Hin- und Hergerissen sein, das wird sich schon bald wieder auflösen. Die Leichtigkeit kommt in Dich hinein. So wie die Wedel des Farns schwingen, so wirst auch Du bald wieder schwingen und klingen. Du wirst die richtigen Impulse und Gedankengänge bekommen, sodass sich dieses sich Festgefahren fühlen und das Gefühl zu haben, dass man sich ständig erneut im Kreis dreht und keine Antworten findet, dann in Luft auflösen wird. Leichtigkeit und Schwung kommt wieder hinein und Du wirst erkennen, welche Richtung, die Richtige für Dich sein wird. Es hat keinen Sinn, ständig immer über alles nachzudenken und sich im Kreise zu drehen. Versuche einfach, wenn das wieder aufpoppt, an schöne Dinge zu denken.

Begibt Dich dazu in eine Meditation oder sei einfach achtsam mit Dir selbst bei einem Spaziergang. Schaue nach links und rechts und versuche einfach die Gedanken, die aufpoppen, beiseitezuschieben. Alles wird sich bald in Luft auflösen und Du wirst erkennen, was die richtige Richtung für Dich sein wird. So geh dahin des Weges, liebes Kind, voller Vertrauen, dass mit dem nächsten Windstoß die klare Richtung, wieder in Deinen Gedanken, vor Deinen Augen sein wird.

23. Gefangen im Elfenreigen

Du bist gefangen im Elfenreigen.

Du hast Dich verstrickt und hast im Moment das Problem, dass Du Dich ständig im Kreis drehst und das Gefühl hast, dass Du gar nicht mehr rauskommst aus Deinen Verstrickungen.

Alles ist wie festgefahren und Du findest einfach nicht Deinen Weg. Der Lichtblick am Horizont ist Dir im Moment verschlossen. Die Gedanken kreisen um Dich. Du hast das Gefühl Du befindest Dich in einer ausweglosen Situation.

Es ist an der Zeit, nun ein wenig in die Stille mit sich zu gehen und die Gedanken einfach mal auszuschalten und einfach mal in sich hineinzuhören. Die Antwort findest Du dann schon in Dir. Vertraue einfach darauf, dass dieses Gedankenkarussell und dieses Gefühl, dass man sich immer wieder im Kreis dreht und nicht weiß, welche Richtung man einschlagen soll, dass dies jetzt nur vorübergehend ist. Es wird sich schon bald wieder auflösen. Versuche, Deine Gedanken auf schöne Dinge zu konzentrieren.

Lass es nicht mehr länger zu, das Dich dieses Kreisen und verirren weiterhin Deine Wege belastet, denn es ist es nicht wert. Es ist nur eine vorübergehende Phase. Vertraue einfach darauf, dass sich so wie der Farn schwingt, dieses Gedankenkarussell bald einfach wieder für Dich auflösen wird. So geh dahin des Weges mit einem positiven Gefühl. Die Leichtigkeit und der Schwung in kurzer Zeit wieder Eintracht hält in Dir.

24. Du erblühst zu neuem Glanz

Es ist an der Zeit die Dinge anzupacken, sodass Dein volles Potenzial voll zur Geltung kommt. Du reifst in voller Blütenpracht. Du kommst jetzt in eine Phase, wo Du neu erblühen wirst zu vollem Glanz. So wie die Pflanzen erblühen, so wirst auch Du bald wieder in neuem Glanz strahlen. Alles, was Du bis jetzt angefangen hast, wird erblühen, wird sich jetzt nun für Dich verwirklichen können und zu Deiner vollsten Zufriedenheit entfalten. Die Zeit des Schlafes ist vorbei, die Erholungsphase ist vorüber. Jetzt ist es an der Zeit, die Dinge neu anzupacken, zu vollem Leben zu erblühen und alles umzusetzen, was Du Dir vorgenommen hast.

Eine fruchtbare Phase, wo sich alle Dinge für Dich zum Positiven wenden. Alle Dinge, die Du begonnen hast, die kannst Du nun umsetzten. Sie sind voller Leidenschaft und erfolgversprechend. Du erblühst zu neuem Glanz, findest Kraft und Energie in Dir. Eine wundervolle Zeit mit Tatendrang steht Dir bevor. Wo Du nicht müde wirst. In der Du viel Schaffenskraft hast und alles für Dich umsetzten kannst, was Du Dir wünschst.

Gutes Gelingen in allen Dingen, denn Du erwachst in voller Blütenpracht und kannst Dich erfreuen an den Dingen.

Alles entwickelt sich und erblüht in vollem Glanz.

25. HERZENSWÜNSCHE ERFÜLLEN SICH

Das, was Dir wahrhaft entspricht, wird sich vor Dir ausbreiten.

Herzenswünsche erfüllen sich liebes Kind. Hab keine Angst davor, Deine Wünsche auszusprechen. Deine Wünsche zum Ausdruck zu bringen. Glaube an Dich. Es ist es ist jetzt die Zeit gekommen, wo sich alles zum Positiven für Dich wenden wird. Du darfst darauf vertrauen. Wenn Du hier hindurchschaust, liebes Kind da siehst Du schon eine wundervoll, lichtvolle, leuchtende Zukunft die Dir bevorsteht. Erfreue Dich und glaube an Dich selbst.
Alles wird gut!

Wenn Du aus Deinem tiefsten inneren heraus klar und deutlich Deinen Wunsch formulierst und ihn mit guten Gedanken daran und einem sanften Pusten nach oben abgibst, so sei Dir gewiss liebes Kind, er kommt geschwind wie der Wind an die rechte Stelle.

26. Die Karten auf den Tisch legen

Die Routine ist vorbei.

Jetzt kommt eine Zeit, wo alles auf den Tisch gepackt werden muss. Du musst Farbe bekennen, Du kannst Dich nicht mehr rausreden, Du kannst nicht mehr drum herumreden. Du musst endlich zu dem stehen, was Du gesagt, getan hast. Sei ehrlich zu Dir selbst und ehrlich zu Deinen Mitmenschen. Eine Aussprache ist notwendig. Du musst die Karten jetzt einfach auf den Tisch legen.
Hab keine Angst, bringe den Mut auf. Es bedarf keines weiteren Aufschubs mehr. Du wirst sehen, eine unbeschreibliche Erleichterung wird sich in Deinem Zentrum auftun und die schwere Last, die Du geschickt versucht hast zu verschleiern, wird abfallen.

So hast Du Dir den Tisch freigelegt, um von nun an Verantwortung für Dich selbst zu übernehmen.

27. Sei achtsam zu Dir selbst

Wenn Du achtsam mit Dir selbst umgehst. So sind die Menschen auch achtsam und respektvoll zu Dir.

Du hast eine lange Reise hinter Dir. Achte auf die Zeichen, die Dir werden gegeben. Es ist an der Zeit, Deinen Weg nach vorne zu gehen. Ungeachtet von allen Hindernissen, die Dir im Wege stehen. Sei auf der Hut, das tut Dir gut. Es wird eine Zeit geben, wo Du innehalten und nochmals alles überdenken musst. Doch am Ende wirst Du wie der Phönix aus der Asche emporsteigen. Es wird Dir an nichts fehlen liebes Kind, für Dich wird immer gesorgt sein.
So sei von nun an achtsam zu Dir selbst. Nehme Dich an, so wie Du bist und andere so an, wie sie sind, ohne zu bewerten.

Annahme ohne Bewertung erleichtert Dein Leben und verhilft Dir zu Respekt und Achtsamkeit.

28. STABILITÄT KEHRT BEI DIR EIN

Der Baumstamm steht für Stabilität.

Stabilität kommt in Dein Leben. Die Dinge finden endlich ihren rechten Platz. Du hast lange gebraucht, um zu sehen, in welche Richtung es gehen soll. Aber jetzt bist Du angekommen, hast Deinen Platz gefunden im Leben und wirst verweilen eine ganze Weile in dieser Kraft, Stärke und Stabilität, die Dir wird gegeben auf dem Wege. Bleib standfest, lass Dich nicht mehr verunsichern, behalte einen klaren Standpunkt. Bringe auch den Mut auf, stets klar und fest Deinen Standpunkt zu vertreten. Du musst keine Ängste haben, dass Du Deinen Standpunkt äußerst gegenüber Deinem Umfeld, an Deinem Arbeitsplatz, ganz egal wo. Mach Dich nicht mehr kleiner als Du bist. Du stehst ganz fest verwurzelt nun in Dir und kannst ganz klar und fest immer Deinen Standpunkt vertreten. So wächst Du aus Dir heraus und bekommst Selbstbewusstsein als Dein Geschenk.

29. FINDE DIE SELBSTLIEBE

Die Liebe ist überall. Sie sucht sich ihren Weg, wo man gar nicht daran glaubt, dass sie da ist. Finde die Selbstliebe. Geh in Dein Zentrum und finde die Anbindung zu Dir selbst. Die Liebe wohnt in uns nicht um uns herum. Das, was wir suchen, ist in uns das finden wir nur in uns selbst. In unserem wahren Selbst in unserem wahren Ich.

Die Liebe ist in Dir. Sie weilt in Dir, sie wohnt in Dir. Du bist umgeben von liebevollen Menschen, von liebevollen Wesen. Schau nicht nach links und rechts, sondern schau in Dich hinein. Tief in Dir findest Du all die Antworten nach denen Du immer gesucht hast. Tief in Dir bist Du angebunden, bist Du verwurzelt, bist Du voller Licht und Liebe. Du bist ein Licht des Lebens und in Dir tief drin ist die allumfassende Liebe die von nun an in Dir weilt und Dich begleitet auf Deinem Weg durchs Leben.

30. Struktur kommt in Dein Leben

Das Wunder der Natur offenbart sich vor Dir in voller Pracht. Du hast die Möglichkeit nun endlich Struktur reinzubringen in Dein Leben. Für Deine Ziele, für alles, was Du umsetzen möchtest, ist jetzt der richtige Startschuss damit zu beginnen. Mit gesundem Verstand und Struktur hast Du die Möglichkeit, Deine Ziele endlich zu verwirklichen. Du brauchst nicht mehr zu zögern, sondern einfach loslegen und sei positiv gestimmt es wird sich erfolgreich für Dich ausbreiten. Alles kommt so, wie Du es Dir wünschst und vorstellst Du musst nur an Dich glauben. Pack es an, Du hast die Kraft und die Stärke. Vor allem nun auch den Glauben an Dich, sowie ganz viel Erfolg auf Deinem Weg. Es wird alles so kommen, wie Du es Dir wünschst und vorstellst.

Lege alle Zweifel ab und packe es nun an. Du kannst Dein Ziel erreichen.

31. LEICHTIGKEIT KEHRT EIN

Dort wo Farn blüht, könnt ihr Euch sicher sein, dass hier durchaus auch Elfen anzutreffen sind.

So wie der Farn im Wind wedelt, so kommt nun die Leichtigkeit in Dein Leben zurück. Du hast gutes Gelingen in allen Dingen. Es fällt Dir leicht, Entscheidungen zu treffen und es fällt Dir leicht, alles, was Du Dir vorgenommen hast, nun in die Tat umzusetzen. Auch fällt es Dir leicht zu kommunizieren und Deine Wünsche und Bedürfnisse zum Ausdruck zu bringen. Eine beschwingte Zeit steht Dir bevor. Genieße sie und erfreue Dich an den Dingen, die Dir zufliegen, die auf Dich zukommen. Du kannst voll und ganz vertrauen. Alles, was sich Dir jetzt offenbart, das ist das, was stimmig zu Dir ist und was Du mit Leichtigkeit annehmen und auch umsetzen kannst. Mit Leichtigkeit kannst Du nun in die nächsten Wochen gehen. Du hast das richtige Näschen für das, was Du Dir vorstellst, dies kannst Du dann auch voller Leichtigkeit in die Tat umsetzten und es wird Dir gelingen. In den nächsten Wochen fällt es Dir leichter, alles Unausgesprochene durchaus jetzt auch mal im Freundes-, Bekanntenkreis oder am Arbeitsplatz zu kommunizieren. Es fällt Dir nun leichter, als zu anderen Zeiten, Deine Ziele zu verwirklichen und ins Gespräch mit Deinen Mitmenschen zu kommen. Befreie Dich von allem Festgefahrenen. Du kannst das Leben einfach mit Leichtigkeit genießen. Vertraue auf Dich selbst!

32. Selbstliebe

Versuche nichts zu forcieren und voranzutreiben. Lasse Dir Zeit. Überlege und bedenke alles noch mal in Ruhe, bevor Du Dinge in Angriff nimmst. Es ist an der Zeit Dein Leben neu zu orientieren und zu sortieren. Bedenke dabei, Du bist ein wertvoller Mensch und Du bist das Wichtigste in Deinem Leben. Du hast Dich in letzter Zeit ein wenig vernachlässigt. Darum raten Dir die Elfen einfach mal in die Tiefe zu gehen. Entspannung zu finden und die Liebe zu Dir selber zu finden. Du bist ein wertvoller Mensch. Du musst nicht für alle funktionieren, sondern es ist ganz wichtig, dass Du mit beiden Beinen fest auf dem Boden stehst. Dich mit der Natur verbindest, also das heißt, Dich erdest, sodass Du wieder fest mit beiden Beinen auf dem Boden stehst. Dein inneres Gleichgewicht zurückfindest und vor allen Dingen Freude am Leben hast. Dich so annimmst, wie Du bist. Dich liebst und akzeptierst so, wie Du bist. Das ist ein ganz wichtiger Weg für Dich, die Selbstliebe in den nächsten Wochen zu finden. Du hast Unterstützung, Du bist nicht alleine. Glaube an Dich und nehme Dir Zeit für Dich selbst. Vor allem für alles, was Dir Freude bereitet. Sei mit dem Herzen dabei. Spüre in Dich hinein und frage Dich, ob sich das nun stimmig anfühlt für Dich. Wenn dem so ist, dann kannst Du diesen Weg beruhigt gehen.

33. Aus Alt mach Neu

Aus Altem kann Neues entstehen. Aus Altem wächst Neues. Neuer Glaube – neue Ideen – neue Hoffnung – neue Gedanken ......

Es ist jetzt an der Zeit sich von Altem zu befreien, um in ein neues Leben zu gehen. Befreie Dich aus alten Fesseln und mach Dich bereit, einen neuen Weg zu gehen, ein neues Leben zu führen. Aus all Deinen Erfahrungen, die Du in der Vergangenheit gemacht hast, die Du mitnimmst, wirst Du wachsen. Daraus neue Kraft schöpfen. Auch all die Fehler, die Du in der Vergangenheit gemacht hast, werden sich im Neuen nicht mehr wiederholen. Du bist nun gereift und gewachsen. Das Alte hat keinen Platz mehr in Deinem Leben. All das, was Du bisher erlebt hast, war wichtig für Dich, wichtig daran zu wachsen im Bewusstsein, um Dein Leben bewusst zu erkennen und jetzt zum wahren Kern Deines Seins zu finden. Dein wahres Ich zu leben. Das war Dein Entwicklungsprozess und Du bist an dem Punkt im Leben angekommen, wo dieser nun abgeschlossen ist. Der neue Weg reift bereits in Dir und will aus Dir heraus wachsen und emporsteigen. Das Neue ist bereit für Dich. Aus alt mach neu. Du brauchst nicht mehr zurückschauen. Einfach vertrauen. Stabilität kommt in Dein Leben und Neues kann nun entstehen und wachsen.
Schon bald wirst Du feststellen, wie wunderbar befreiend und leicht Dein Leben sein wird.

34. Die Natur zeigt Dir Deinen Weg

Recke und strecke dich. Die Richtung des Baumes zeigt Dir den Weg an. Recke und strecke Dich. Steige empor. Strecke Dich ganz weit nach oben, sodass Du Dich ausrichten kannst in Deiner Ganzheit, in Deinem ganzen Sein. Die Ausrichtung der Bäume zeigt Dir die Richtung an. Die Richtung die zur Ganzheit und zur Entfaltung Deines ganzen Potenzial, Deines ganzen Seins Dir wird gegeben. Denn Du sollst Dich nicht länger kleiner machen, als Du bist.

Die Natur zeigt Dir Deinen Weg. Wenn Du wahrhaft offen dafür bist, kannst Du ein Leben voller Leichtigkeit und Freude erfahren und sehr weit vorwärtskommen in Deinem Leben und viel für Dich selbst bewegen, aber auch für andere. Denn, wenn Du voller Freude und Leichtigkeit bist, ist Deine Aura erfüllt in hellem Licht und Du sprudelst Freude und Leichtigkeit aus. Du versprühst sie regelrecht auf Deine Mitmenschen, auf Dein Umfeld. So könnt ihr dann alle in einer wunderbaren Harmonie miteinander durchs Leben gleiten. Euch gegenseitig bereichern. Von und miteinander lernen. So geh dahin Du liebes Kind, recke und strecke Dich. Mach Dich ganz groß. Richte Deine Arme nach oben aus, um zur vollen Entfaltung Deines ganzen Seins zu gelangen.

35. ENTSCHEIDE DICH FÜR EINEN WEG

Am Wegesrand erblickst Du Hinweise, die Dir Wege zeigen in alle möglichen Richtungen. Es liegt nur an Dir selber, welche Richtung Du einschlagen wirst. Wenn Du noch jung bist, hast Du die Möglichkeit, alles einmal auszuprobieren, auszutesten für Dich. Du musst erst wachsen und reifen. Das ist vollkommen in Ordnung. Erlaube Dir verschiedene Möglichkeiten zu erfahren und vieles auszuprobieren. Es gehört zu Deinem Wachstum und ist zurzeit der richtige Weg für Deinen Entwicklungsprozess.

Wenn Du schon älter bist, treffe eine weise Entscheidung aus Deinem tiefen inneren Bewusstsein heraus, denn für Dich ist es nicht mehr an der Zeit, verschiedene Richtungen auszuprobieren. Du solltest Dich für eine Richtung festlegen. Dazu gehe mit Dir selbst in die Tiefe, in die Meditation. Suche Dir ein Plätzchen, wo Du der Ruhe und Stille findest. Geh mit Dir in die Stille. Schließe dazu die Augen und atme tief ein und aus. Wiederhole dies notfalls mehrmals die Woche. Dabei wirst Du erkennen, welche Wegrichtung für Dich jetzt im Moment genau die richtige ist, die Du gehen solltest, um zu wachsen, zu wachsen im Bewusstsein, zu wachsen in Deiner Kraft und Stärke, zu wachsen an Erfahrungen, die Du noch benötigst auf Deinem Weg.

Welche Richtung Du auch einschlagen wirst. Sei Dir gewiss, es wird die sein, die zum Wohle und besten Deiner Person ist und die Du jetzt im Moment gerade für Dein inneres Wachstum benötigst. Für Deine Entwicklung zur Entfaltung Deines wahren Potenzial, um in Deiner Ganzheit zu erblühen.

36. Dein Leben kommt in Fluss

So wie das Wasser fließt, so wird auch Dein Leben wieder in Fluss kommen. Du musst Vertrauen haben in das, was Du bist, wer Du bist und was Du tust!

Schon bald wirst Du wieder in vollem Fluss Deines Lebens fließen. All Deine negativen Emotionen, all das, was Dich belastet, all das, was Dich nicht vorwärtsbringt im Leben. Gebe es in ein Wasserglas. Nimm ein Wasserglas und gieße Wasser hinein. Mit jedem Tropfen Wasser, was Du hineingibst, in das Glas, denke dabei an Deine negativen Gedanken, an all das, was Dich belastet, nicht vorwärtsbringt. Gib alles hinein in das Glas und dann spüle es hinweg. Geschwind wie der Wind wird alles von Dir fließen und Leichtigkeit hält wieder Einzug in Deinem Zentrum.

Alle negativen Emotionen, negativen Gedanken. Davon wirst Du befreit sein. Sodass Du wieder mit Leichtigkeit und Beschwingtheit durchs Leben schreiten kannst. Es war eine Zeit der Prüfung, die Du durchgegangen bist in den letzten Wochen, Monaten. Diese ist nun vorbei und Du darfst Dich erfreuen und auf Dich stolz sein. Klopfe Dir dazu ruhig mal auf die Schulter und sage Dir laut, wie stolz Du doch auf all das bist, was Du bisher im Leben erschaffen hast. Du hast die Prüfung bestanden, lassen Dich die Elfen wissen. Du kommst jetzt in einen neuen Zyklus voller Unbeschwertheit.

Die Dinge kommen endlich in Fluss. Alles, was Du Dir vorgenommen hast, kannst Du angehen und Dich auf eine wundervoll beschwingte, unbeschwerte Zeit freuen. Wo Du neue Impulse bekommst, die für die nächste Zeit ganz wichtig sein werden für Dich und Dich auf Deinem Weg weiterbringen.

Mit Freude und Beschwingtheit kannst Du Dein Leben genießen. Jeden Tag mit einem Lächeln begrüßen.

Unbeschwertheit kehrt in Dich hinein. Der Zauber Deines Lächelns hüllt Dich ein, sodass Du jeden Tag wieder mit Freude beginnst. Erfreue Dich Deines Seins. Du bist ein wertvoller Mensch. Das Leben hat Dir noch sehr viel zu geben. Lass Dich treiben von dem Fluss des Lebens.

Glaube an Dich, die Gedanken sind frei. Mit Beschwingtheit kannst Du durch jeden Tag Deines Lebens gehen. Es ist an der Zeit, jetzt nur noch nach vorne zu schauen.

Genieße das Leben und beginne jeden Tag mit einem zauberhaften Lächeln. Es wird Dein Herz, Deine Seele, Dein Sein erfreuen und Dich mit Unbeschwertheit beschenken.

Du sollst lauschen,
was Deine innere Stimme Dir
sagt,

es wird Dir ein Wegweiser
sein
für die nächsten Wochen.

Über die Autorin

Manuela Ariana Steckel, 1964 geboren, Mutter eines Sohnes, ist Astrologin, Engelmedium, Elfenflüsterin und spirituelle Kunstmalerin. In ihrem erlernten Hauptberuf als Finanzbuchhalterin ist sie noch tätig.

Seit mehr als 10 Jahren beschäftigt sie sich mit Engel und Elfenwesen, sowie dem Thema Astrologie. Nach ihrer Ausbildung zur Astrologin begann sie im Jahre 2005 mit astrologischen Beratungen. 2009 hat sie angefangen, erste Engelbilder zu malen. Durch eine Ausbildung zum Engelmedium bekam sie einen noch tieferen Zugang zu diesen Lichtwesen. In ihre Malerei fließen lichtvolle Engel ein. Sie erhält zu jedem Bild die Schwingung des Engels in Form eines Gedichtes. Die Seele der Menschen ist ihr wichtig und Engelenergien können den Menschen zu einem erfüllten Leben verhelfen.

Seit 2019 folgt sie dem Ruf als Vermittlerin zwischen den Naturwesen und Menschen. Es ist ihr eine Herzensangelegenheit, als Botschafterin der Elfen den Menschen die Weisheiten der Elfen zu übermitteln. Vor allem auch diese den Menschen wieder ins Bewusstsein zu bringen. Mehr über ihre Arbeit ist auf YouTube zu finden auf dem Kanal: „Ariana Elfenbotschaften".
Dort kann man regelmäßigen Elfenbotschaften, sowie den Kräften der Sternzeichen zum Neumond folgen.

NACHWORT ÜBER DAS BUCH

Dem Ruf zur Folge, den Menschen die Elfen näher ins Bewusstsein zu bringen, ist dieses erste Buch von mir entstanden.

Es ist nun an der Zeit, dass die Menschheit wieder mehr im Einklang mit sich selbst und der Natur lebt. Bei vielen von euch verlieren die üblichen Werte bereits langsam an Bedeutung. Man beginnt das bisherige Leben in Frage zu stellen und begibt sich auf die Suche nach dem Sinn des Lebens. So beginnt man wieder achtsam mit sich selbst zu sein, ebenso mit seinen Mitmenschen. Viele sind bereits danach bestrebt ihr wahres ICH zu erkennen, umso das wahre Selbst zu leben.

Je mehr sich das Ich zum Selbst hin ausdehnt, man nennt dies Bewusstseinserweiterung, umso unbeschwerter, befreiter und im Einklang mit uns selbst können wir leben.

Das Ego, (das ICH), verliert dann an Bedeutung.

Die Naturwesen sind uns dabei schon viele Schritte voraus. Sie leben ganz im Einklang mit der Natur. Somit voller Leichtigkeit, ohne Beschränkungen, ohne Bewertung, in reiner Liebe.

Ihr Leben ist ein Freudentanz. Voller Licht und Liebe. Das wünschen sie sich für Dich auch!

So möge dieses Buch Dir viel Freude bereiten. Deine Fantasiewelt anregen, Dir Inspiration schenken und Dir wertvolle Impulse auf Deinem Weg zu Dir selbst vermitteln.

DANKSAGUNG

Aus tiefster Seele meine größte Dankbarkeit an die Elfen des Waldes, die mir auf meinen Spaziergängen ihre Botschaften für euch Menschen übermittelt haben. Mich auch in diesem Leben wieder als Vermittlerin ausgewählt, um vielen Menschen als Elfenbeauftragte die Herzen für diese Wesen zu öffnen.

Ganz besonderen Dank gebührt an dieser Stelle meiner Lichtelfe „*Isis*", die mir die Weisheiten der Elfen zuflüstert. Mich mit wundervollen Geschichten aus dem Leben einer Elfe beschenkt und inspiriert hat, sodass dieses Buch überhaupt entstehen konnte und es auf diese Weise in die Welt gebracht wurde.

Auch danke ich an dieser Stelle meinem Sohn Marvin, der mich in meiner Andersartigkeit akzeptiert, mir ein Berater war beim Aussuchen meiner Fotografien für dieses Buch und meiner Mutter, die mich beim Korrekturlesen unterstützt hat.

Danke auch meinem treuen Freund Winfried. Durch ihn wurde schon so manch schöpferischer Einfall bei mir ausgelöst über die Jahre. So auch der zündende Funke für die Anwendung der Botschaften in diesem Buch, ohne das er davon Ahnung hatte. Mit seiner Filmkamera begleitete er mich oftmals zu Aufnahmen für meine lichtvollen youtube Videos. Lieben Dank an Dich Winfried.

So sind es Begegnungen und Freundschaften, die Dein Leben auf eine ganz besondere Art und Weise erst abrunden und Dich dadurch in Deiner Weiterentwicklung bereichern. Ein wunderbares Geschenk, worüber ich sehr dankbar bin.

Von Herz zu Herz lieben Dank an mein Hundemädchen *„Amra"*, die mir stets eine Begleiterin auf all meinen Waldspaziergängen war. Stundenlang geduldig mit so viel Ruhe, lieb abwartend und ganz leise, Platz neben mir einnahm, wenn die Elfen des Waldes zu mir flüsterten. Ich eifrig mit Sprachaufnahmen, Filmen oder fotografieren beschäftigt war. Danke Du liebe Seele für Deine Achtsamkeit und Wertschätzung mir gegenüber, sowie meiner Arbeit mit den Elfen und Naturwesen.

Herzensgrüße aus dem Reich der Elfen

Danke an Dich für Dein Interesse an uns Elfenwesen, sodass dieses Buch seinen Weg zu Dir finden konnte.